「組織のネコ」という働き方

「組織のイヌ」に違和感がある人のための、成果を出し続けるヒント

仲山進也
Nakayama Shinya

SE
SHOEISHA

そしきのいぬ

【組織のイヌ】

飼い主に忠実なイヌのように、会社の指示命令に従順な人。自分の意志よりも社命を優先して行動する。

そしきのねこ

【組織のネコ】

組織には属していても、ネコのように自由気ままな人。自分の意志がしっかりあるので会社の指示を何でも聞くとは限らない。

はじめに

ぼくは会社員です。

いまの会社に入って20年ほどになりますが、部下は1人もいません。たまたまよいお客さんたちに恵まれたおかげで仕事はとっても楽しいです。

自分ではふつうの会社員のつもりですが、みんなと同じことをやるのがニガテで誰もやっていないことをしがちなので、社内の人からは「ちょっと変わったヤツ」と思われている気がします。

ある日のこと。とあるイベントで、知人のサカザキさんに再会しました。2年ぶりくらいでしょうか。

「いまいる会社の代表が本を出したんです。読んでみていただきたいので、送りますね」

とのこと。

届いた本が面白かったのでサカザキさんに感想を送ったら、流れでその社長さんと3人でランチをすることになりました。「カリスマファンドマネージャー」と呼ばれている人だそうです。なんか、すべて見透かされそうで怖い……と思いつつ、当日を迎えました。

ランチをしながら自分の会社や働き方について聞かれて答えるうちに、その人・フジノさんは、丸い眼鏡をきらーんと光らせながら、穏やかに言いました。

「あなたはトラリーマンですね」

「とらりーまん？」

フジノさんは続けてこう言いました。

「私の分類では、世の中を元気にする3種類のトラがいます。まず、〝ベンチャーのトラ〟。

起業家ですね。都市を中心に生息し、先進的な技術とビジネス手法でリスクをとって起業し、大きな成長を目指して挑戦する人たち。

次に、〝ヤンキーのトラ〟。地方にいる元気な若者、いわゆるマイルドヤンキーを束ねて、地元密着型の多業種展開で成長ビジネスをつくる人たち。

そして、第3のトラが〝会社員のトラ〟、トラリーマンです。最近、会社員でありながら会社の枠にとらわれず自由に自己実現している人がちらほら出てきています。会社の資産を活かしながら突出した成果を上げ、社命ではなく自分自身の使命に従って仕事をしていく人たちです。

起業はハードルが高く、地方で勝負するには地盤が必要だけれど、トラリーマンなら誰でもなれる可能性が開けます。

一番悲しいのは、会社に不満をもちながらも、同調圧力に追い詰められて精神を病んでしまうこと。それならば辞める覚悟でもう一回、会社に自分の居場所をつくり直すという方法があってもいいじゃないかと。私はトラリーマンというコンセプトの発信を通じて、日本の閉塞感を打破したいんです。そんな思いをサカザキにつぶやいてみたら、『いますよ、ピッタリな人が』と紹介されたのが、あなただったのです」

「そんなハナシ、聞いてないんですけど」と思って視線をずらすと、フジノさんの隣でサカザキさんが「むふふ」とほくそ笑んでいました。

まだ状況が飲み込めないぼくを見て、フジノさんは続けます。

「あなたがトラリーマンだという3つの理由を話しましょう。あなたが所属する会社は上場企業であり、すごく規律が利いているイメージがある。それにもかかわらず、あなたはゆるやかなフォームで事業を担っています。こうやって平日の昼間から、なんの仕事でもない相手のところへ出向いて自由に動き回っている。これが1つめ。

さきほど、あなたが自社の事業の存在意義について話してくれるなかで、創業時からのコンセプトとしてワクワク感を大事にしている会社なのだな、ということがあらためて腑に落ちました。会社の理念と自分の使命を重ねて働いているのも伝わってくる。これが2つめ。

さらに、あなたがふだん相手にしているお客さんは、全国各地の経営者が多い。まさに〝ベンチャーのトラ〟や〝ヤンキーのトラ〟からも認められている。トラは鼻が利くので、所属先の利益のために仕事をしている人なのか、自分の信念のために仕事をしている人なのかをかぎ分けます。異種のトラたちと仲良くなれるのも、トラリーマンの特徴。これが3つめです」

「ぼくは、どうやったらもっとお客さんの商売が面白くなるかなって考えながら、一緒に遊んでいる感覚なだけなのですが……」

「そう。だから仕事を心から楽しんでいる。トラリーマン的な働き方が世の中にもっと認められていけば、仕事を楽しめる人はもっと増えるのではないかと期待しているのです」

これがぼくとフジノさんとの出会いでした。

申し遅れましたが、著者の仲山進也です。
楽天という会社で、楽天市場出店者の学び合いの場「楽天大学」を立ち上げるなど、ネットショップ経営者・運営者さんを応援する仕事をしてきています。

この出会いをきっかけに、ぼくの「トラリーマンを探す旅」が始まることになります。というのも、フジノさんのことをSNSに投稿したら、知人のウェブメディア編集者さんから「トラリーマンと対談していく連載をやりませんか」というお誘いが届いたのです。いただいたメッセージに「面白そうなのでやりたいです！」と即レスしていました。信頼する人からのお誘いは「はい」か「イエス」で答える習性なもので……。

旅立ちにあたって、フジノさんに1つ質問をしました。

「モチーフにトラを選んだ理由はなんでしょう。どういう意味合いがありますか？」

フジノさんは言いました。

「トラは、自由で気ままに生きながら、パワフルであり、実力という牙がある。同じ系統としてネコという生き方もありますよ」

「ネコリーマンもいるんですね！」

「ネコはトラより小さくて可愛らしく、力はそれほどないけれど、やはり自由気まま。組織には属していても、自分の意志がしっかりあるので、ご主人の言うことを聞くかどうかは気分次第。トラにはなれない、という人はネコとして生きる選択肢もあると思います。トラの比較対象となるモチーフは、ライオンです」

「トラとライオンの違いというと……」

「百獣の王であるライオンはトラと同じく強さの象徴ですが、群れで暮らす性質をもっている。いわゆる従来型の企業エリートはライオンを目指していると言えるでしょう」

「なるほど、ライオンは組織に君臨するボス型のリーダーシップスタイルですね。さらに、組織に従順だけどライオンほど力をもたないイヌという生き方も合わせれば、4象限ができますね！」

「おお、できましたね。要は多様性です。どの生き方が尊い、ということではなく、どう生きるかを自分で選び取ることが大事。本来、ネコな人がイヌのように働くとしんどくなります。働き方として、イヌになる以外の選択肢があると示してあげることに意義がありますね」

それから始まったトラ探しの旅で、ぼくは十数人ものトラと対談をすることになりました。トラのなかには、会社員だけでなく、銀行員もいれば公務員もいます。元サラリーマ

働き方の4タイプ
（組織に所属している場合）

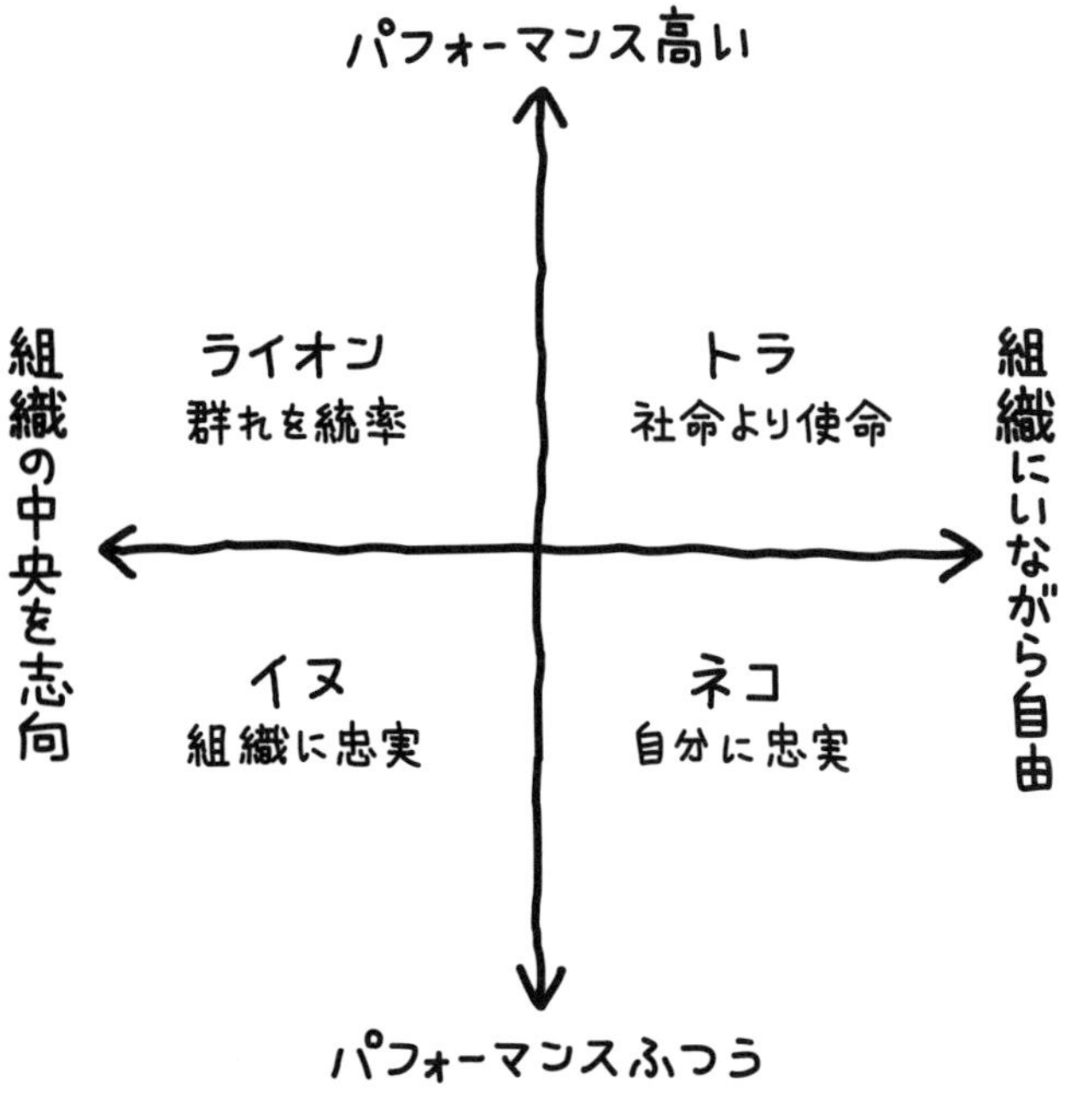

ンで現在は経営者という人もいます。なお、公務員の場合は「虎務員《こーむいん》」と名付けました。

この本は、魅力的なトラたちの思考や行動から抽出された「新しい働き方のヒント」を凝縮した1冊です。

自分の強みを発揮し、お客さんに向き合うことで、組織にも社会にも貢献していく。会社からの指示命令がおかしいと感じたら、社命よりも自分の使命を貫くことを選ぶ。強みを活かして価値を生み出すので自然体だし、周囲から必要とされるから長続きする。そうした自由かつサステナブルな働き方の事例とともに、トラの仕事術をたくさん紹介していきます。

ただ、1つ問題がありまして。

トラの人たちの働き方は突き抜けすぎていて、一見すぐには真似できそうにないのです。「え？ 組織に属していてそんなやり方、本当に可能なの？」と思うようなエピソードに満ちあふれています。

そこで、「トラの共通特性」も整理しました。その思考や行動の本質にある共通点を抽出することで、実は誰でも始められることばかりだと気づけるようになります。

この本では、いきなり「誰もがトラを目指しましょう」と言うつもりはありません。

まずは、モヤモヤしながら働いているネコ体質の人、いわば「イヌの皮をかぶったネコ」な人たちに対して、「組織のネコでもいいいんじゃない？」という呼びかけから始められたらと思います。

「自分はいままで組織のイヌとしての働き方しかないと思い込んでいたけれど、ネコみたいな働き方を目指していいいんだな」と気づく人が増えるきっかけになればうれしいです。

そして、すでにトラ的な働き方をしている人にとっては、「自分と同じ匂いがする人たちがこんなにいたなんて！」「孤独だったので励みになる！」などと思ってもらえたら幸いです。

では、「ネコ・トラ」の世界へご一緒しましょう！

イヌの皮をかぶったネコ

第1章

働き方の4つのスタイル
――組織のイヌ・ネコ・トラ・ライオンとは

第2章 組織にいながら健やかに働く

――トラの働き方

第3章 型破りな成果を上げる人の共通点 ——トラの特性10箇条

第5章　組織の変人が変革人材になる
――ネコ・トラの存在意義

第6章 自律型の組織をつくる ——ネコ・トラの活かし方

第1章

働き方の4つのスタイル
――組織のイヌ・ネコ・トラ・ライオンとは

組織の動物4タイプ

この章では、「組織のイヌ」と対照的な「組織のネコ」という働き方、さらにトラやライオンの生態について、ぼくなりに整理してみます。なお、生物学のシロウトがざっくりしたイメージで考えているため、実際の動物の生態とは異なる点もあると思われますがあしからず。

では、「組織における働き方」を動物にたとえたタイプ分けの図を深掘りしていきましょう。

組織の中央を志向して働くのが、左側のイヌとライオン。対して、組織にいながら自由に動きたがるのが、右側のネコとトラです。

組織の動物4タイプ

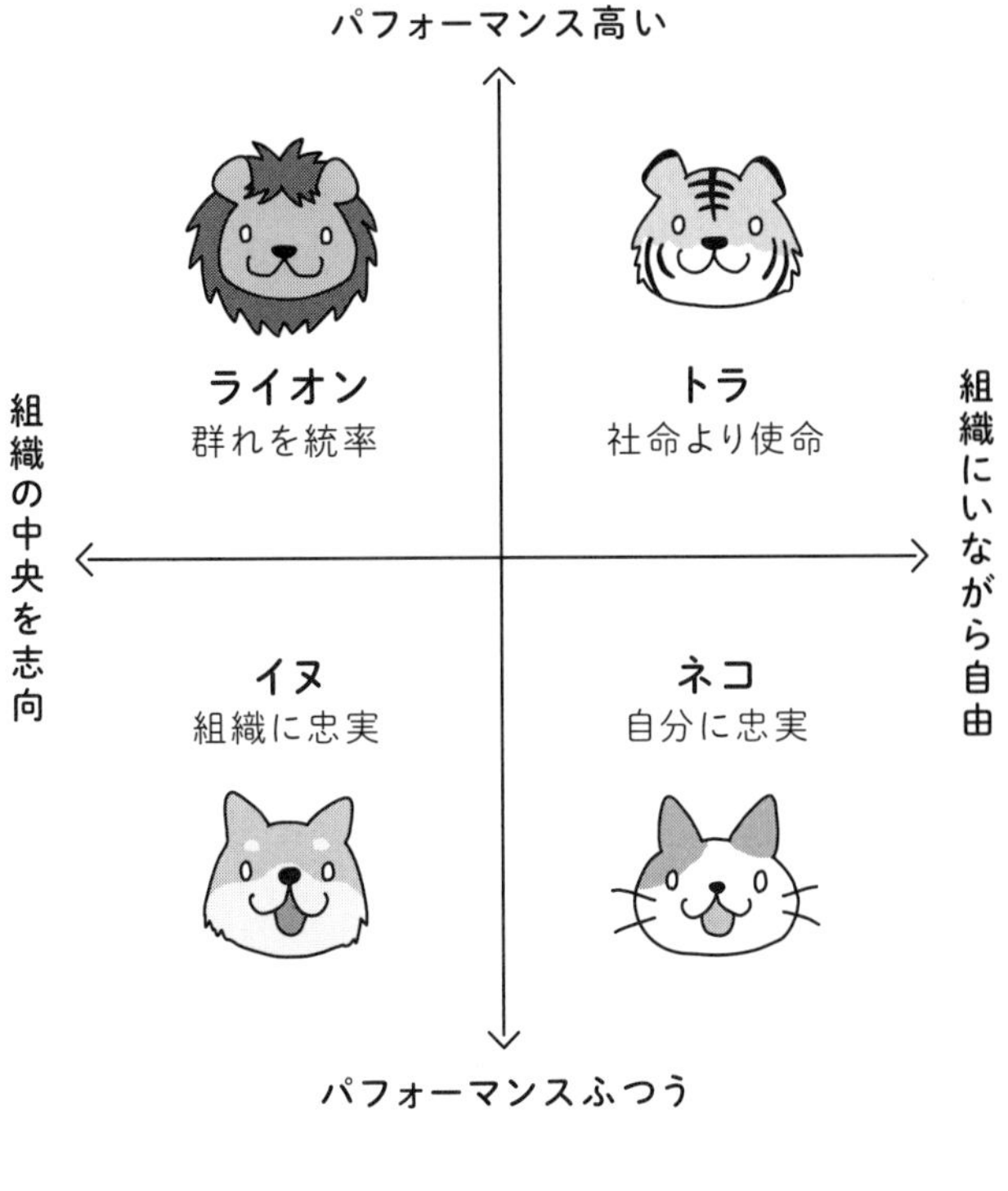

パフォーマンス高い
ライオン
群れを統率
トラ
社命より使命
組織の中央を志向
組織にいながら自由
イヌ
組織に忠実
ネコ
自分に忠実
パフォーマンスふつう

ここで「自由」という言葉が出てきます。実はこれがイヌ派とネコ派の溝を生みやすい要注意ワードなため、まずは「自由」の定義について触れておきます。

「組織にいながら自由に働く」というと、会社に行かずに好きな場所で仕事するとか、朝起きなくてよいとか、好きな仕事だけやってイヤな仕事はやらない、といったイメージをもつ人が多いです。いわば「わがまま放題好き勝手」という意味でとらえている。

もちろんそんな人ばかりだと、組織は成り立ちません。だから、常識的には「組織にいながら自由に働きたいなんてけしからん」となっているわけです。

その結果、「働くとは、不自由で自己犠牲を伴うものである」という考え方が幅をきかせていて、死んだ目をしたサラリーマンを生み出してしまっています。

それだと世の中息苦しいので、「わがまま放題好き勝手」とは違う意味を考えてみましょう。

まず自由の対義語を調べると、拘束、束縛、統制、強制といった言葉が出てきます。どれも「わがまま放題な人を縛りつける」ニュアンスの言葉だから、あんまり発想が膨らみません。

そこで次に、自由を訓読みしてみましょう。「自らに由《よ》る」とか「自分に理由がある」と読めます。自分が「やりたい」とか「意味がある」と思いながら動くのは、好き勝手とは違うし、必ずしも自己犠牲を伴うものでもない。自由を「自分に理由がある」と定義するのはしっくりきます。

とすれば、対義語は「他由《たゆう》」になります（造語です）。

他人がやれと言うからやる。他人に理由があって動いている状態です。

なお、他人からやれと言われてスタートしたことでも、自分で意味づけをして「自分がやりたい」「意味がある」と思えれば、それは自由と呼べるでしょう。

多くのサラリーマンの仕事は、他由スタートです。たいていの場合は、上司からの指示で仕事が始まります。でも、その意味を自分で解釈して、他由を自由に転換できれば、「自由に働いている」と言ってよい。

それに対して、どこをどう考えてもやる意味があるとは思えない「１００％やらされ仕事」が、ホンモノの他由な仕事です。

すなわち、組織の指示があったとき、たとえ自由に転換できなくても甘んじて受け入れ、職務を遂行するのがイヌ派。

逆に、どう考えても他由な仕事だと思ったら、しれっとスルーしたり、やらなくて済む方法を工夫したりするなどして「自分に忠実であろうとする」のがネコ派ということになります。もちろん実際には、自由に働くイヌ派もいれば、他由で働き悶々とするネコ派もいます。

というわけで、自由とは、「わがまま放題好き勝手」ではなく「自分に理由があること」をいう。

ここだけは押さえていただければと！

イヌとネコの違いが見えてきたところで組織の動物4タイプの図に戻りまして、次はライオンとトラの登場です。

両者の共通点は、パフォーマンスの高さ。イヌとネコのパフォーマンスが「低い」というわけではないのですが（図でも「ふつう」と表現してあります）、ライオンとトラは、誰が見てもわかる大きな成果、突き抜けた成果を出しています。

ライオンは、群れを統率する中心的存在。いわゆる「ボス」です。

ヒエラルキーの頂点に君臨し、組織をひっぱっていきます。ほえると怖いけど、情に厚く面倒見のよい面もあるので、みんなから慕われている。従来の「優れたリーダー像」のイメージです。

これに対して、トラにはあまりボス感がありません。

組織の中央にどっしり構えることはせず、現場が大好き。フラットな関係性を好み、組織の際《きわ》のあたりをウロウロしています。ライオンがメインストリームとなる事業を担当しているのに対して、トラは「メインではないところ」にいることが多いです。

「際」は、いろいろなものが交わるカオスです。そこで見つけたり、思いついたりした案件を持ち帰ってきて、立ち上げ始めます。なので、ライオンみたいに「みんなをうまくまとめる」というよりは、むしろ「みんなをかき混ぜる」感じになりがちです。
凝り固まった組織がニガテで、そこにくずしを入れたりゆるめたりすることで、バラバラになっていた人やコトをつないでいく（再編集していく）のがトラの「まとめ方」です。したがって、ライオンのまわりでは「粛々と」仕事が進むことが多く、トラのまわりでは「わちゃわちゃしながらの試行錯誤」が多くなります。

イヌ・ネコ・トラ・ライオンの大まかな違いが見えてきたところで、さらに各タイプの理解を深めていきましょう。

4タイプの相性

4タイプの動物には「相性」があります。

タテの関係

イヌは、ライオンに対して畏怖の念を抱いているので、ライオンの言うことはなんでも聞きます。

ネコは、トラに対して憧れの念を抱いていて、「あんなふうになりたいな。なれるかな」などと思っています。トラの立ち上げるプロジェクトにネコが呼ばれると、生き生きと働きます。

ヨコの関係

ライオンとトラは、リスペクトし合っています。それぞれの資質が違うので、強みを活かしたスタイルも違えば、得意な役割も違うことを理解しているからです。お互いに「自分にはできないことをやってくれている」と思っています。

イヌとネコは、まだそこまで成熟していないので、自分の価値観では理解できない相手のことをちょっとバカにしがちです。

イヌはネコのことを「ちゃんと言われた仕事しようよ」「集団行動を乱すなよ」と思っているし、ネコはイヌのことを「言われたことだけじゃなくて大事な仕事しようよ」「上司の顔色ばっかり見て大変だね」と思っています。

ナナメの関係

対角に位置する「ライオンとネコ」「トラとイヌ」も相性があまりよくありません。

群れを統率するライオンと、群れるのが嫌いなネコという意味で対照的だからです。た

それぞれの相性

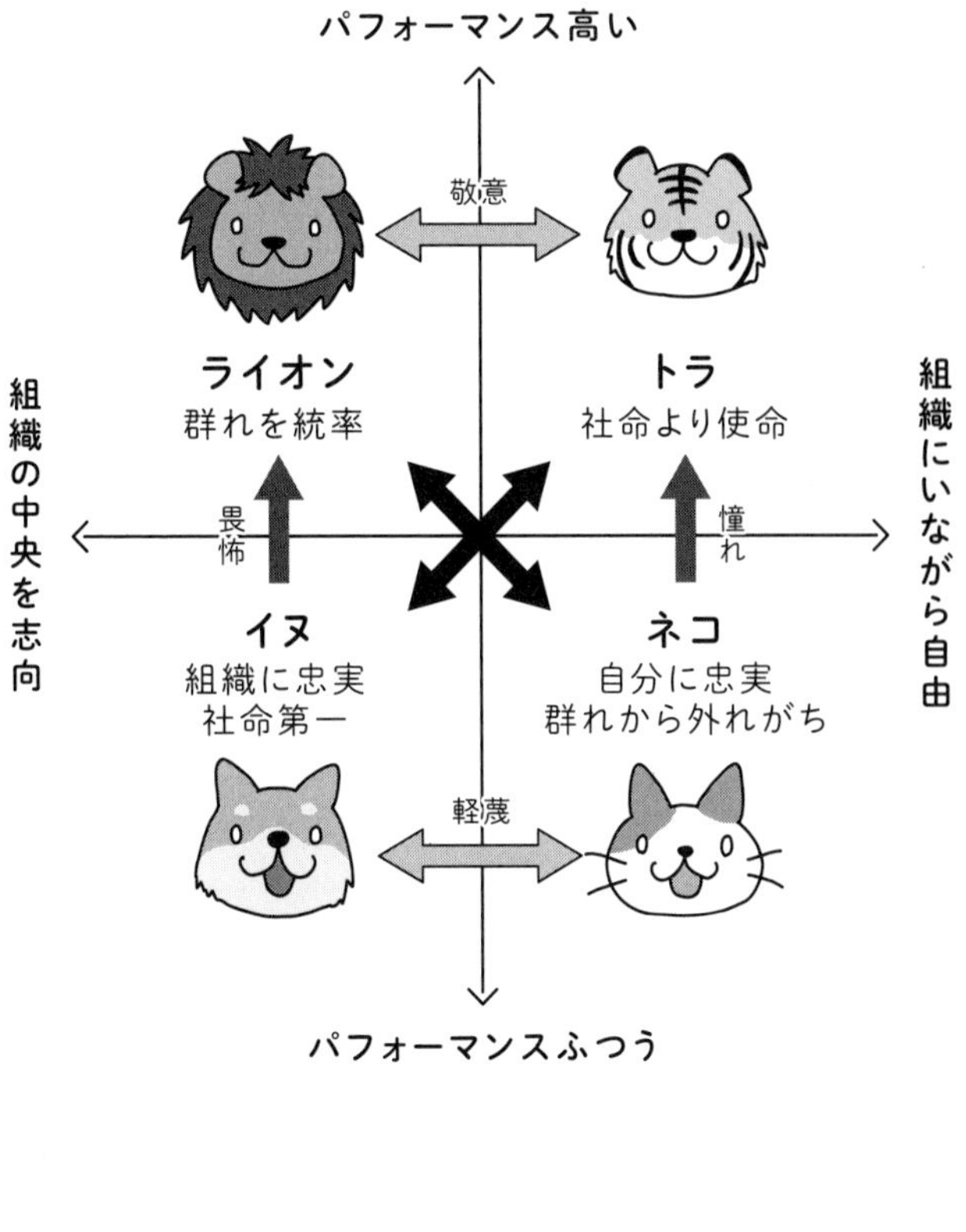
パフォーマンス高い
敬意
ライオン
群れを統率
トラ
社命より使命
組織の中央を志向
組織にいながら自由
畏怖
憧れ
イヌ
組織に忠実
社命第一
ネコ
自分に忠実
群れから外れがち
軽蔑
パフォーマンスふつう

だ、ライオンは「ネコみたいなスタイルがあってもいい」と思っているし、ネコも「ライオンの言うことに逆らう気はない」ので、対立が起こるほどのことはありません。お互い、そんなに気にならない関係。

それに比べると「社命第一」のイヌと「社命より使命」のトラは、相性がよくないかもしれません。特に、「ベンチャーのトラ」や「ヤンキーのトラ」といったトラ経営者は、組織の仮面をかぶって自社の都合を最優先に押しつけてくるタイプのサラリーマンを嫌います。

そのニオイをかぎ分けると、会って1分しか経ってないのに「もう帰っていいかな？そちらが聞きたいことは資料に書いてありますから」となることもあり得ます。

一方で、イヌは同僚のトラに対して、「こっちはちゃんと社命を守っているのに、あの人は好き勝手にやっていてずるい」と嫉妬しがちです。

このようにそれぞれ相性はありますが、「対照的」というのは相容れないのとは違います。それぞれの価値観やスタイルがあり、それぞれの「違い」を活かし合うことが大切です。

そこで、価値観の違いを「ルール観」「ロール観」「レール観」「失敗観」という4つの視点でみてみることにしましょう。

4タイプのルール観

「ルール観」とは、ルールに対するとらえ方の違いです。

ライオンにとってルールとは、群れを統率するためのものです。
イヌにとっては、守るべきもの。口ぐせは「決まりですから」。
ネコにとっては、息苦しいのでキライなもの。口ぐせは「こうする必要なくない？」。
トラにとっては、パフォーマンスを上げるための作法（自分ルール）です。

イヌ・ネコは基本的に、ルールは「他人がつくって、守らされるもの（他律）」だと思っています。

ライオン・トラにとっては、「自分たちのパフォーマンスを上げるために自分でつくるもの（自律）」です。

ルールのつくり方には2種類あって、1つは「正解一択型」。たとえば、「変な服を着ている生徒がいて近隣から苦情がきたので、全員一律の制服をつくります」のような「こうしなさい」というタイプです。

もう1つはゴルフの「OBライン型」で、「ここから先はダメだけど、範囲内であればなんでもOK」という決め方。

ライオンやトラは、OBライン型のルールを好みます。

なお、イヌもルールをつくることがありますが、「管理しやすいほうがいいから」という理由で、よかれと思って正解一択型にしてしまいがちです。すると、ネコにとっては「息苦しいルール」になる。「制服にしなくても、苦情がこない範囲で選べばよくない？」

ルールとは

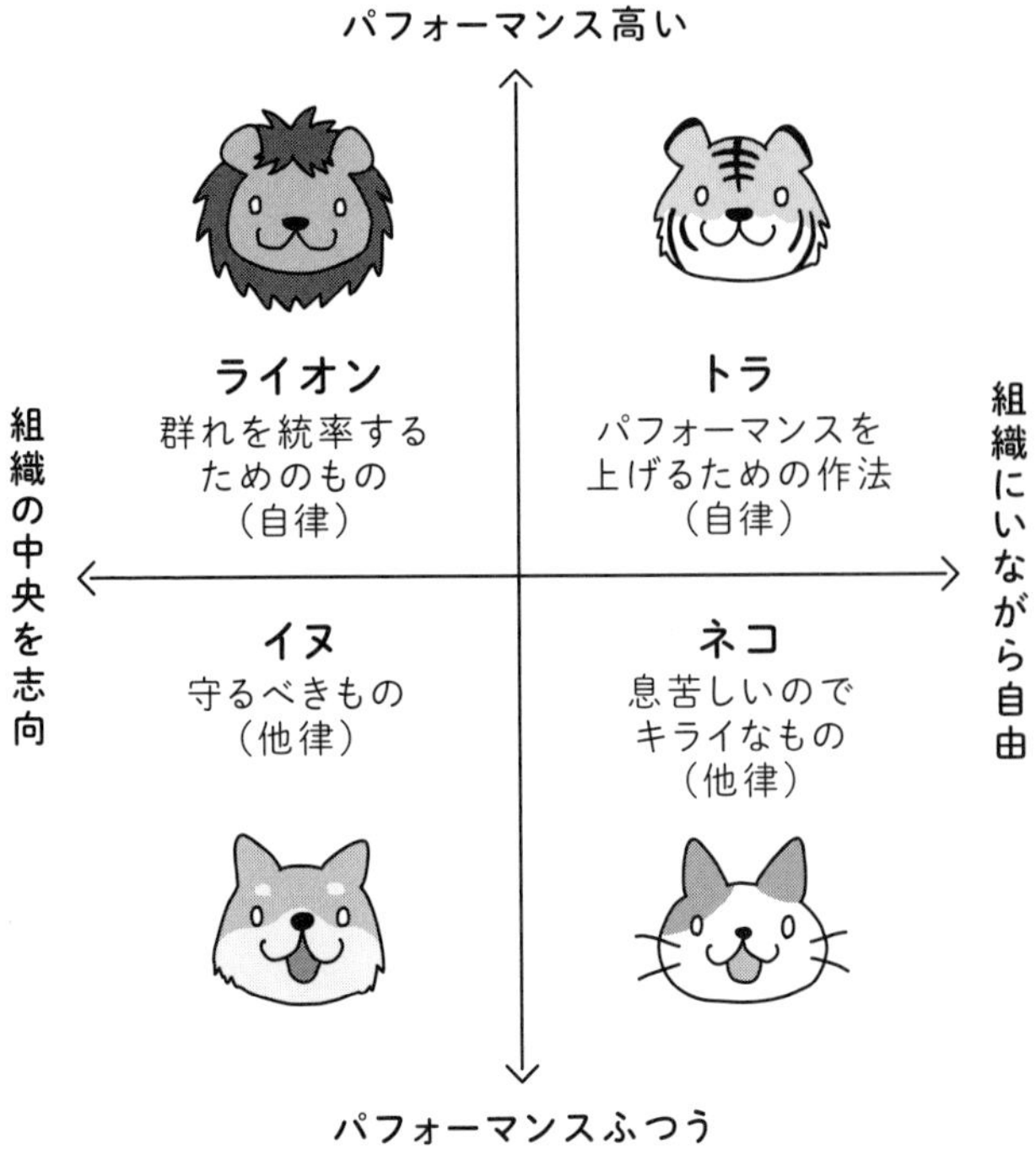
パフォーマンス高い
ライオン
群れを統率するためのもの
（自律）
トラ
パフォーマンスを上げるための作法
（自律）
組織の中央を志向
組織にいながら自由
イヌ
守るべきもの
（他律）
ネコ
息苦しいのでキライなもの
（他律）
パフォーマンスふつう

と思っちゃうからです。

正解一択型ルールが組織にはびこりやすい理由はもう1つあって、「OBラインを考えて決めるのが面倒くさい」からです。「問題が起こらないライン」や「誰からも文句が出ないライン」を決めようとすると、たくさん思考コストがかかるわけです。だからやりたくない。


これに対して、自分の理念や世界観をもっている人（ライオンやトラ）は「ここから先がありだとつまらなくなるからダメでしょ」「この線を越えたら美しくないでしょ」という考え方ができるから、OBラインを決められます。

見方を変えると、理念や世界観をもっていると迷ったり思い悩んだりする必要がなくなるので、判断の効率がよくなると言えます。

OBライン型のルールは「他人をしばるもの」ではなく、「自由を確保するために必要な自分たちルール」です。こういう「自分たちのためのルール」を「自律」と言います。

ルールは、それがつくられた目的とセットであることが大事です。「何のために守るべきルールなのか」が共有されなければ、必要以上に自由が制限されかねません。

だから、「決まりなので」と言われたら、「何のため？」と確認して、「そういう目的ならこのルールである必要はない」と判明すれば、それは場合によっては破っていいルールかもしれません。

それがネコ・トラにおすすめの「ルールとのつきあい方」です。

4タイプのロール観

次に、「ロール観」。ロールとは「役割」のことです。組織における役割をどうとらえているかの違いをみてみましょう。

組織を率いるライオンにとって、ロールはリーダーとしての役職そのもの。「部長」「本部長」など〝長〟がつく肩書きをもっています。名実ともにリーダーです。

そんなライオンを仰ぎ見て、1つでも上の役職につくためにがんばるのがイヌ。与えられた肩書きにふさわしい仕事をしようとします。結果として、営業部だったときは「AよりもBが大事」と言っていたのに、管理部に異動すると「BよりもAが大事」のように、立場によって言うことが変わる傾向があります。

ネコは、そもそも肩書きに興味がありません。「昇進をチラつかせながら交渉してくる上司」とかはニガテです。そんなこと言われたら、「いえ結構です」ってスルーしちゃう。営業部から管理部に異動しても、「お客さんのためになるかどうかが大事」といった軸は変わらないので、言うことも変わりません。もちろん異動によって見えるものや経験値が増えて、考え方がアップデートされたことで言動が変わることはあります。あくまでも「組織に忠実」というより「自分に忠実」なのがネコです。

トラはパフォーマンスが高いので〝長〟がつく肩書きの人も多いですが、ふつうの肩書

ロール（役割）とは

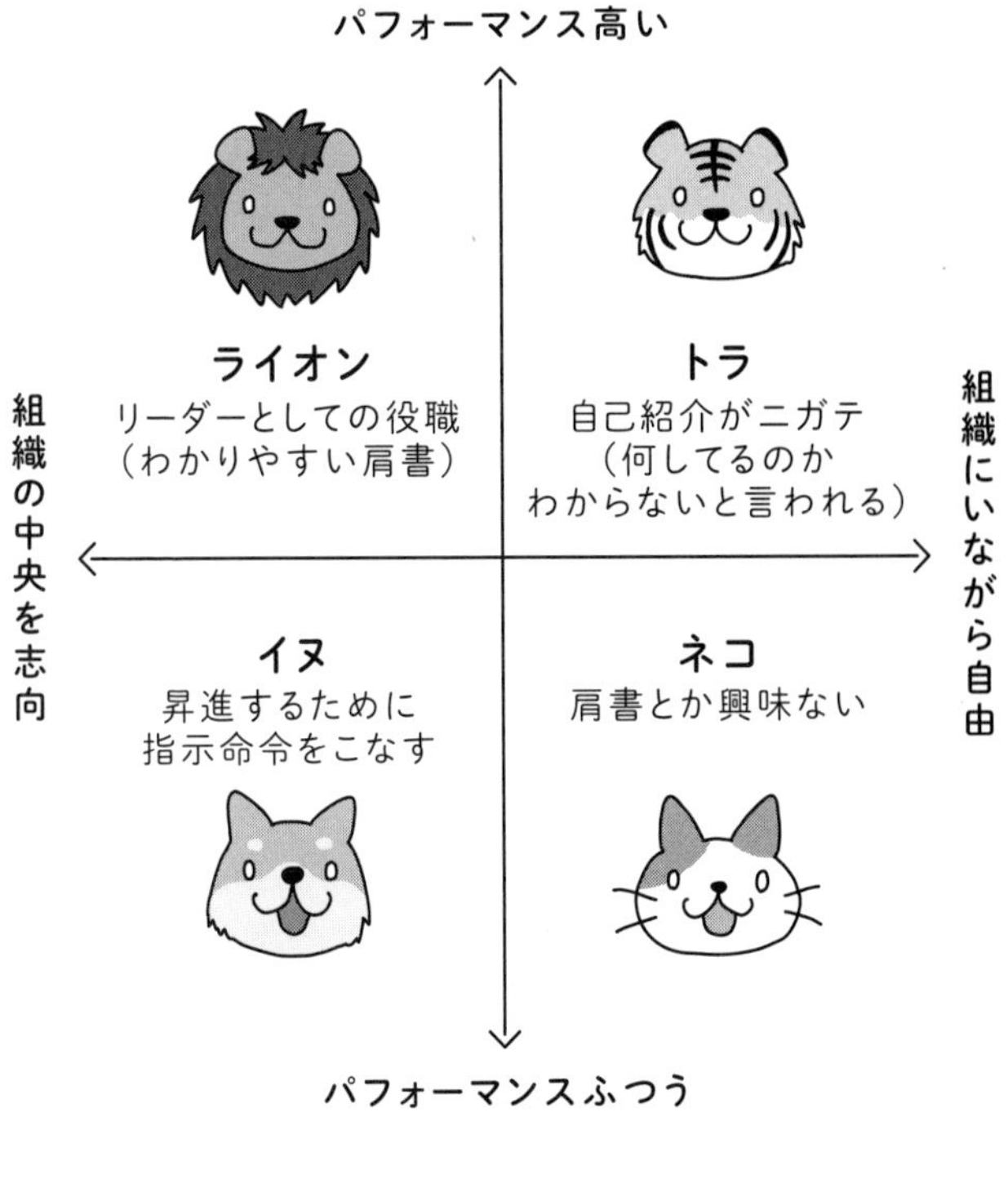

パフォーマンス高い
ライオン
リーダーとしての役職
（わかりやすい肩書）
トラ
自己紹介がニガテ
（何してるのか
わからないと言われる）
組織の中央を志向
組織にいながら自由
イヌ
昇進するために
指示命令をこなす
ネコ
肩書とか興味ない
パフォーマンスふつう

きの場合もあります。また、「その人のためにつくられた肩書き」をもっているケースもあります。

いずれにしても、肩書きを見ただけでは想像できない範囲の活動をしているので、「自己紹介がわかりにくい」のが共通点。名刺を渡して2〜3分で自己紹介をしても、うまく伝わらないので「自己紹介がニガテなんです」と言う人が多いです。

トラはイヌと違って、「昇進したい」「あのポジションになりたい」とは思いません。肩書きがなくても「いまの立ち位置でできることならやってしまえばいい」と先に動くからです。

むしろ肩書きがあとからついてくることがよくあります。「新規事業開発部」という部署ができる前に、もう新しいことを立ち上げていて、あとから部署ができて辞令が出るイメージです。

なお、ネコは肩書きに興味がないのに対して、トラは「やりたいことを実現するために必要」であれば、ポジションを得るために動くこともします。ただ、あくまでポジションは手段であって、「なること」が目的ではないと考えています。「なりたい」のがイヌ、「やりたい」のがトラ、です。

4タイプのレール観

続いては「レール」のとらえ方。組織のキャリアコースという意味でのレールです。

ライオンは、王道のキャリアを進んでいる人。会社のメインストリーム、いわゆる花形部署で活躍し、出世レースを勝ち上がっていきます。レールを敷く側でもあります。

ライオンの背中を追うようにして、敷かれたレールの上を走っているのがイヌです。レールの分岐点にさしかかったときは、より世の中的な評価の高いほうを選ぼうとします。「レールから外れるとゲームオーバー」だと思っているので、落ちそうになるとがん

レールとは

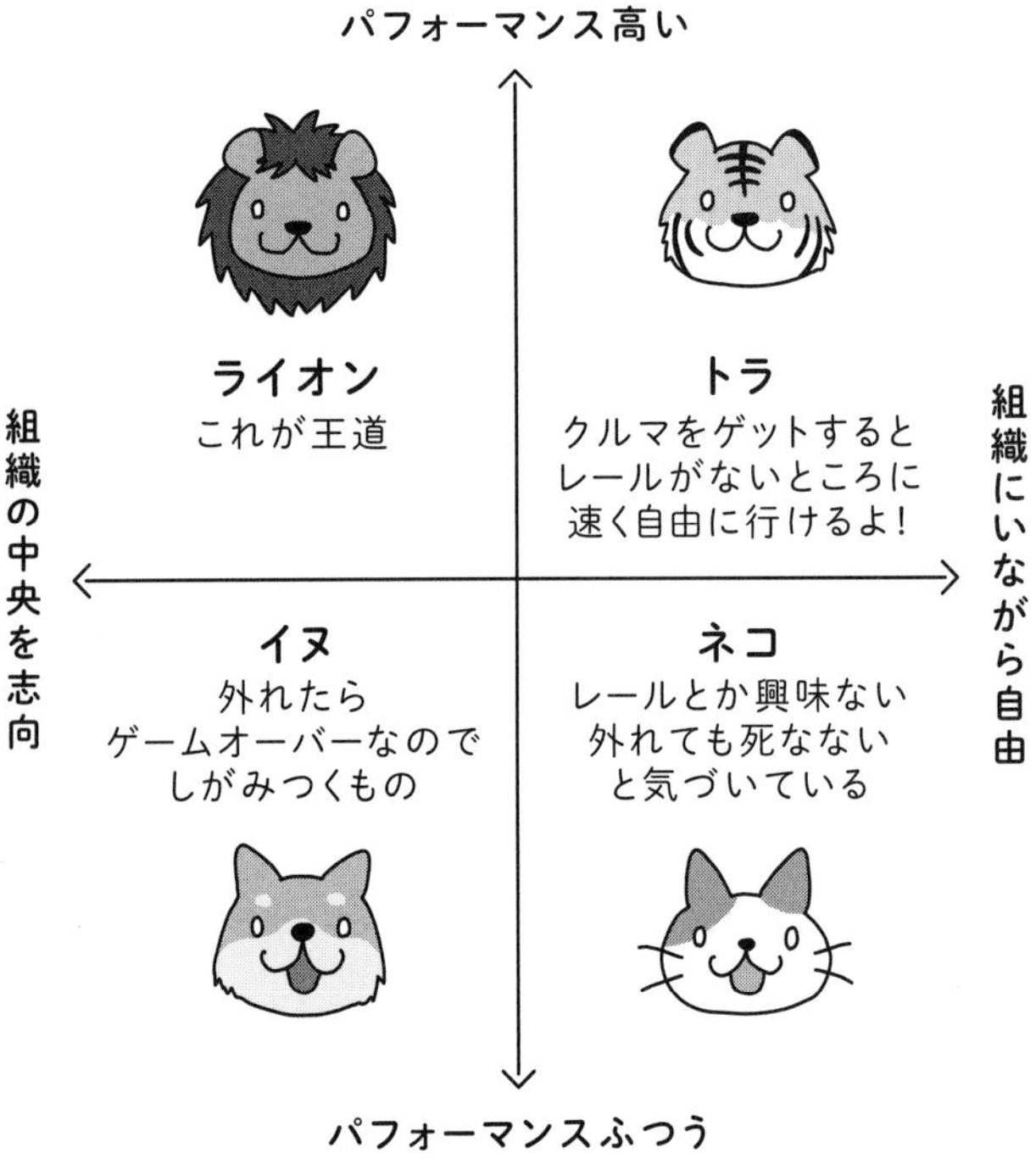

パフォーマンス高い
ライオン
これが王道
トラ
クルマをゲットすると
レールがないところに
速く自由に行けるよ！
組織の中央を志向
組織にいながら自由
イヌ
外れたら
ゲームオーバーなので
しがみつくもの
ネコ
レールとか興味ない
外れても死なない
と気づいている
パフォーマンスふつう

ばってしがみつこうとします。

イヌは、いつかライオンのポジションになることを夢見ながら、指示命令をこなしています。ただ、その昇進レールに異変が起こってきているようです。ある大手企業の人が言っていました。

「昔は、エラい人の派閥に入って言われたことをやるだけで能力関係なくポジションは上がっていたんですけどね……。いまは事業縮小でポジションそのものが減ってきちゃって」

派閥という〝群れ〟への貢献は昔ほど評価の対象にならなくなり、「いまさえ耐えれば」という自己犠牲的な働き方が報われない時代へと突入しているのかもしれません。レールの先が渋滞していたり、いつのまにかレールが途中で切れていたりするイメージでしょうか。

見方を変えると、優秀で、これまでレールから落ちた経験がない人のほうが、レールから外れる恐怖を強く感じているのかもしれません。

がんばってレールを進もうとするイヌを横目に、「レールとか興味ない」「レールから外れても死なないし」とマイペースに歩いているのがネコです。これまでの人生でレールから外れる体験をしたり、レールから降りる選択をしたりすることで、「レールにしがみつく必要はない」と気づいています。

トラに至っては、「レールから外れたら道路があって、自動車っていうのをゲットするとレールがないところにも速く自由に行けるよ！」「レールにこだわらなくなると、飛行機にも船にも乗れるようになるよ！」と楽しそうにしています。

4タイプの失敗観

最後に、「失敗」のとらえ方についての違いです。「ルール」「ロール」「レール」と続いたので、英語で「フェイル」と書いたら韻を踏めて統一感が出るのですが、自分が「フェイル観」とか言っているシーンを想像するとモヤッとしたので、「失敗観」でいきます。

イヌにとって失敗は、極力避けたいこと。組織に忠実でありたいのに、失敗したら組織の期待に応えられなかったことになります。また働く動機が「上司からほめられたい・怒られたくない」だし、レールから外されるのを恐れているから、とにかく失敗は避けたい。

したがって、失敗をマイナス評価する組織や上司の下で働く場合、とにかく「具体的な指示」を求めます。指示されたことを指示されたとおりにやれば、うまくいかない場合でも「指示した人に責任がある」と言いやすいからです。

失敗とは

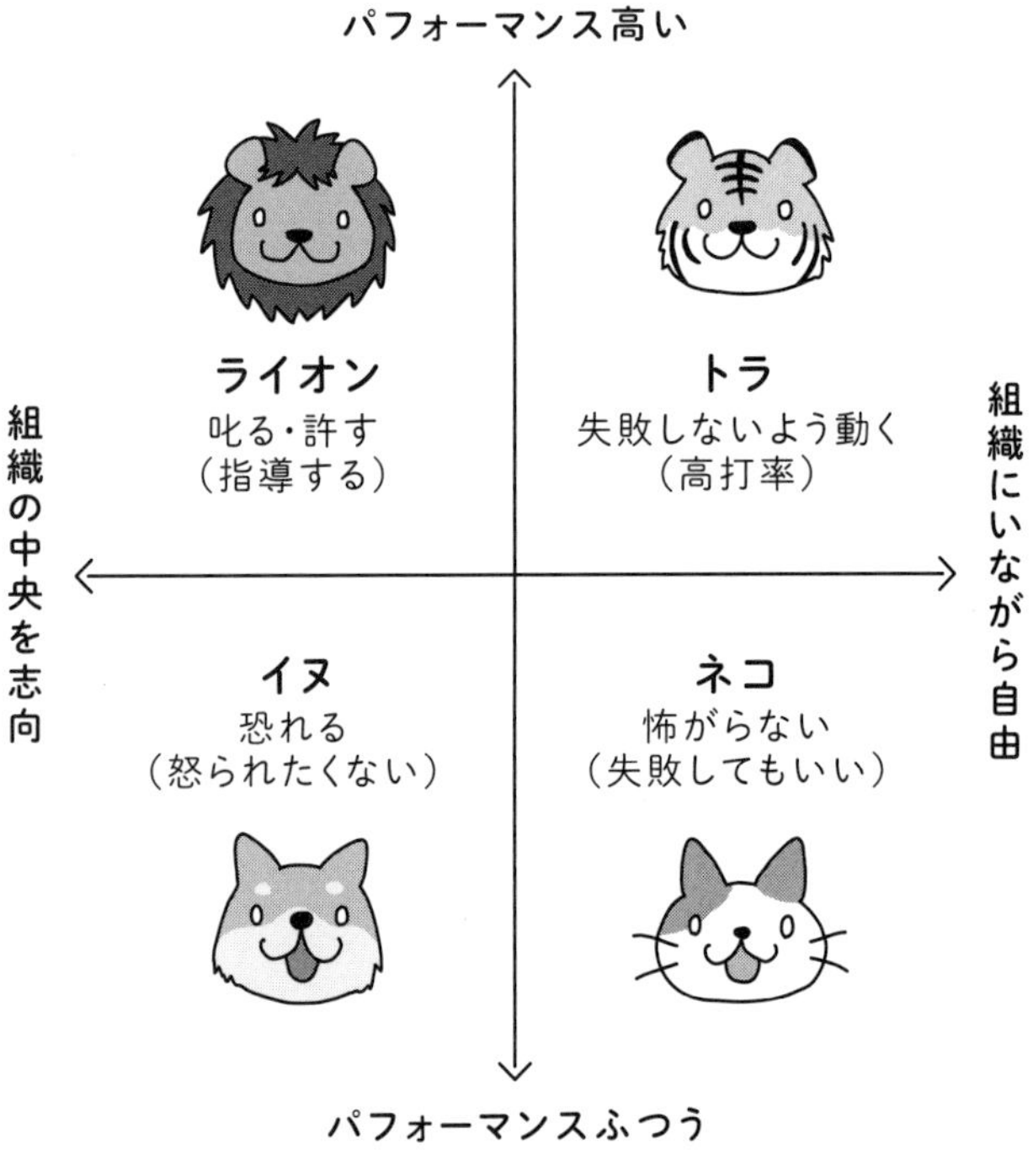

パフォーマンス高い
ライオン
叱る・許す
（指導する）
トラ
失敗しないよう動く
（高打率）
組織の中央を志向
組織にいながら自由
イヌ
恐れる
（怒られたくない）
ネコ
怖がらない
（失敗してもいい）
パフォーマンスふつう

「自分で考えて」と指示された場合は、自分で考えた案を「これでいいですか？」と確認して、承認をもらおうとします。それでうまくいかなければ、「このやり方でいいと言いましたよね」と、承認した人の責任にしやすいからです。

ライオンは、感情にまかせて怒るようなことはしません。失敗を怒っても怖がられるだけで、よいことがないからです。「私が責任をもつから、好きにやりなさい」と言って、チャレンジをした失敗であれば基本的には許します。そのうえで失敗を繰り返さないよう、きちんと理由を伝えて指導します。相手の態度がよくないときだけは、毅然とした態度でビシッと叱ります。

ネコは、失敗をイヌほど怖がりません。「失敗って言うけど、うまくいくまで続ければ成功でしょ」と構えています。

こういう違いがあるので、イヌのチャレンジを支援したいときには「失敗してもいいんだよ」という声がけが効果的です。逆に、もともと失敗を恐れていないネコに対して同じ言葉を言うのは逆効果。「失敗しないようにうまく考えてみて」と伝えるほうが成功しやすくなります。

その点、失敗を恐れないが、極力失敗しないように工夫するのがトラ。自由にやらせてもらっている分、打率が低いとホントに遊んでるだけになっちゃうので、うまくいくように考え抜きながら動きます。

といっても、近視眼的に結果を出すことを成功だとは思っていないので、いろんなところへ出かけてウロウロしたり、お客さんと仕事以外の話をしたり、仕事と関係ない人と会ったりしています。その「まだ成功していないプロセス」のことを「失敗」と呼ばれると「いやいやいや、これ〝大事なムダ〟なんだけどな〜」と思います。

そのムダから思いもかけない展開が生まれて、ふつうでは考えられない企画がうまくいくことにつながるのです。

4タイプの数の実態

というわけで、「働き方の動物4タイプ」の違いを観察してきました。

これまでマトリクスで表現していましたが、実際の人数（頭数）で考えると三角形がよさそうだと思いつきました。4タイプが等しくはならなそうです。イヌが多数派で、リーダー格のライオン・トラは少ないはず。

また、イヌがライオンを仰ぎ見て、ネコがトラに憧れる構図を踏まえて、図を次のようにアップデートしてみました。

それぞれの面積はざっくりしたイメージですが、左側のイヌ・ライオンが多数派で、右側のネコ・トラは少数派。理由は、左側のスタイルで事業がうまく機能した時代が長かったからです。

高度経済成長期において、工場で均一の製品を大量につくって品質を維持向上する仕組みで成長してきた日本では、ライオンがイヌを率いて事業を拡大することでみんなが健やかに潤っていきました。事業が成長しているときは、組織の雰囲気も明るく、ほめられることも多く、失敗を恐れない風土が生まれやすくなります。だから、いまよりイヌもおおらかに生きやすかったことでしょう。

当時からネコもいたはずですが、みんなが揃ってイヌとして働くほうが効率がよかったので、多くが「イヌの皮をかぶったネコ」として働くようになったのではないでしょうか。いわば「隠れネコ」です。

その状態が長く続くうちに、「組織で働くとはイヌ型の活動である」というのが常識になっていきます。入社したらまわりにイヌしかいないので、ネコ型の人も「隠れネコ」という自覚すらなく、「仕事ってこんなもの」と思いながらイヌとして働くわけです。

そのうち、経済成長がマイナスになると問題が浮かび上がってきます。同じように働いても結果が出なくなり、ほめられることが減り、怒られることが増えるので、イヌにとっ

4タイプの数の実態

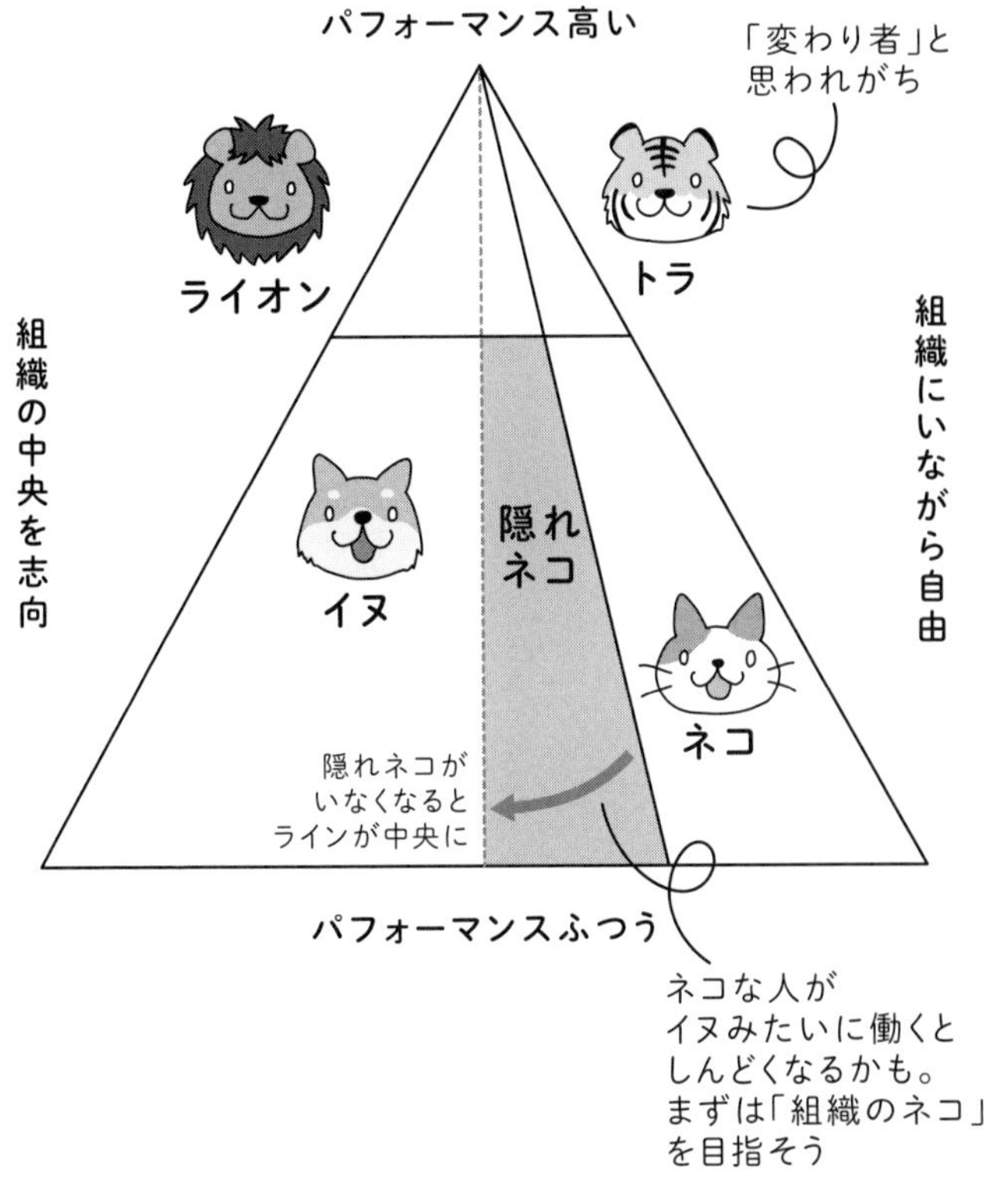
パフォーマンス高い
「変わり者」と
思われがち
ライオン
トラ
組織の中央を志向
組織にいながら自由
隠れ
ネコ
イヌ
ネコ
隠れネコが
いなくなると
ラインが中央に
パフォーマンスふつう
ネコな人が
イヌみたいに働くと
しんどくなるかも。
まずは「組織のネコ」
を目指そう

ては居心地がわるくなる。
「隠れネコ」に至っては、しんどすぎます。もともとムリをしてイヌ風にふるまっているのに報われない。「言われてることの意味がわからなすぎる」「もう会社なんか行きたくない」となってもおかしくないわけです。

そしていま。時代は大きく変わりつつあり、高度経済成長期の成功モデルは賞味期限が切れています。ライオン・イヌ型の従来のパフォーマンスが衰え、多様な価値を新たに生み出すことが求められるようになった結果、相対的に存在感を増してきたのがトラ・ネコです。

これまでイヌ小屋で暮らしていた「隠れネコ」たちが、「なんかおかしい」と気づき始めた。でも、イヌ小屋のなかでネコとしてふるまうと、「みにくいアヒルの子」のように変わり者扱いされそうで、心配です。

でも見渡せば、以前は「相当な変わり者扱い」をされていたトラ社員が、イキイキと楽しそうに活躍している姿が目に入るわけです。とうとう「隠れネコ」派が「組織のイヌ」

から抜け出すときがきました。そこでこの本では声を大にして言いたいのです。

「組織のネコでもいいんじゃない？」

と。

組織のネコ度チェックリスト

さて、そうなると「自分はイヌなのかネコなのか」が気になってくるかと思います。

というわけで、「組織のネコ度チェックリスト」をつくってみました。

あてはまるものに、◯をつけてみてください。

【組織のネコ度チェックリスト】

【　　】①「仕事は苦役であり給料はガマン料」という考え方にモヤモヤを感じる

【　　】②お客さんに喜ばれない（意味のある価値を提供しない）仕事はやりたくない

【　　】③指示された範囲外（KPI*と直接関係ないこと）でも、よいと思ったことはやる

【　　】④自分の信念に反する指示は、しれっとスルーすることがある

【　　】⑤肩書きや出世競争を勝ち上がることに、興味がない

【　　】⑥向いていないし自分でなくてもよい仕事をずっとやらされるのは、ムリ

【　　】⑦社内キャリアのレールの先に到達している人の姿にワクワクしない

【　　】⑧失敗しないことより、怒られたとしてもチャレンジすることのほうが大事

【　　】⑨群れに組み込まれるのがニガテ

【　　】⑩同調圧力をかけられるのも、かけるのもキライ

＊Key Performance Indicator：重要業績評価指標

いくつ○がついたでしょうか。

ぜんぶあてはまった方、おめでとうございます！　あなたはきっと、すでに職場で変わり者扱いされていることでしょう（笑）。このままネコ道をお進みください。

あまり多くあてはまらなかった方、おめでとうございます！　この10項目は、1つでもあてはまれば、「この先ずっと同じ働き方だと健康によくないタイプ」です。「ネコという働き方もあるんだな」と選択肢をもっておくだけでも、精神衛生上、よい影響があると思います。

1つもあてはまらなかった方、このままイヌ道をお進みください。この本は「ネコの生態」を理解するための参考に使っていただければ幸いです。

ちなみに10項目のうち、一番の注目ポイントは「⑩同調圧力をかけられるのも、かけるのもキライ」という項目です。同調圧力をかけられたらイヤなのはイヌもネコも変わらないと思うのですが、自分が上司の立場になったときに「同調圧力で人を動かすのは気持ちわるい」と感じるのがネコです。

逆に、「あの上司、いつも同調圧力かけてくるよな」と文句を言っていたはずなのに、自分が上司として同調圧力をかけることに違和感がないなら、「組織重視」の価値観をもつイヌの可能性が濃厚です。

繰り返しになりますが、イヌかネコかはタイプの違いであって、どちらが優れているとかいうものではありません。

ただ、これまでの時代にはあまり評価されず、活躍しづらかったネコ・トラが生きやすい時代になってきたので、働き方の選択肢を増やしたいというのが本書の願いです。

さきほどの4タイプの三角形の図に、点線で中心ラインを引いておきました。「隠れネコ」が顕在化すれば、イヌとネコのバランスは半々になるのではないかという予想を表したものです。

もしこれから「組織のネコ」が増えてくるとしたら、その先の進化系にあたる「組織のトラ」の働き方は、これまで以上に注目されることになります。

そこにはライオンとは違う「リーダーシップの型」があるはず。

では、その型がどういうものなのか、実際のトラたちの働き方をみてみましょう。

第2章

組織にいながら健やかに働く

――トラの働き方

肩書きからは想像できないことをやっている

ある日、フジノさんから「沖縄にすごいトラを発見しましたよ。こんど紹介します」と連絡がきました。それが銀行員のイレイさんです。

イレイさんは広告担当として、沖縄の銀行では初となるテレビＣＭをつくりました。なんと、琉球銀行（琉銀）のキャラクターロボット「リュウギーン」が登場するオリジナルアニメで、「銀行のＣＭとは思えない衝撃作だ」と評判になったのだとか。

また、頭取から「社内のモチベーションを上げるために、行員向けの動画をつくってほしい」と頼まれて手掛けた作品が、お客さんにも公開されたうえに、なんとＡＣＣ（全日本シーエム放送連盟）のブロンズ賞を獲得。企画から制作のディレクションまで独学で、代理店を通さずに、すべてクリエイターと議論しながらやっていると言います。さらにはこんな仕事まで……

「社内の情報格差をなくす、と頭取が言うので、役員からパート社員まで2000名全員にiPhoneを配付して、Facebookの社内SNSツール〝Workplace〟を導入したんです。銀行業界では初だとか。頭取のライブ配信をやったり、同好会グループを自由につくってもらったりしています」

さらには、

「3年前に銀行のファンサイトもつくったんですが、北海道から沖縄まで会員が4万人います。萌え系キャラクターの名付けもファンサイトでアンケートを採って決めました」

ぼくが思わず、「ちょっといろいろと意味がわからないのですが」とつぶやくと、イレイさんは言いました。

「広告担当の職務範囲ではないかもしれないけれど、やるべきだと思うことがあって誰もやらないなら自分でやる。仕事って本来はそういうものじゃないかと思っているんです。自社のブランディングという目的を広い視野で考えて、新しい仕事を発見するという感じですね。だから僕も簡単には説明できないんですよ、自分のこと」

トラの働き方メモ

肩書きにとらわれない働き方なので、自己紹介が伝わりにくい。

2秒で即レス、打率は7割

イレイさんのメッセンジャーの返信は鬼速です。開封されると、2秒で返信がきます。ちなみに、対談のオファーを送ったときは、「読んでませんがOKです。喜んで！」と即レスがきました。内容、読まずにOKって……。

「実際に会ったときに信頼関係ができあがっているから、詳細を聞かずともすぐに乗れるんです。スピード感は大事にしたいので。

社内SNSを決定するときも、実は別のツールが決まりかけたのですが、たまたまFacebook社にコネクションができてシンガポールの担当者と電話でやりとりしたあとに、『こっちだ！』と確信が生まれた。その足で頭取に相談にいって判断してもらい、そのままFacebook社に内諾を回答したら、『30分で決めたのは世界最速です』と驚かれました」

そんなスピード感で物事を進めているイレイさんの、企画の成功確率はどのくらいなのでしょうか。気になります。

「ぶっとんだ企画ばかりやっているからこそ、ほぼ当てないといけないんです。7割以上は当てないと認められない。だから、確実に当てる方法を目指していますね。野球の打率でいうとイチロー選手の2倍ですから大変です」

打率7割!

失敗して評価が下がることを恐れ、チャレンジを避けがちなのがイヌ。
失敗を怖がらず、チャレンジしてみてまあまあ失敗するのがネコ。
失敗を怖がらず、失敗しないように考え抜いて動くのがトラ。
メンバーが多少失敗しても傾かない組織をつくるのがライオン。

「組織の動物4タイプ」にあてはめるとしたら、こんな感じでしょうか。

失敗しないコツをイレイさんに聞きました。

「いつもお客さんと接しているし、外部のつながりからも学んでいるので、ある程度の自信はあります。だから、堂々と行けるんだと思います。でも、失敗することももちろんあるので、そこは正直に報告する。信頼関係が大事なので」

トラの働き方メモ

スピード感と高打率を両立させるため、日々腕を磨く。

人を笑顔にするために驚きをつくる

イレイさんがそんな働き方に至るバックボーンを知りたくなって、幼少期はどんな子どもだったか聞いてみました。

「小学生の頃に僕が大真面目に言ったことがクラスで大爆笑をさらったことがきっかけで『人を笑顔にすることが大好きだ』と気づいて、大人になってからもずっとそのことばかり考えています。人が笑顔になる瞬間には必ず〝驚き〟がある。だから、人を笑顔にする驚きをクリエーションすることが僕の仕事だと思っています」

人を笑顔にするとか、驚かせるというモチベーションで「銀行に勤務」というのは、これいかに。

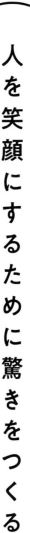

「銀行ってギャップをつくりやすいんですよ。みなさんの脳内で〝銀行員〟といえば〝堅い〟〝面白くない〟というイメージが固定されているじゃないですか。そこでちょっと外したことをやるだけで驚かれるし、面白がってもらえます」

相手の期待値を把握して、期待値を超えるように「外す」わけですね。

「人を驚かせて笑顔にすることは、ファンづくりにつながると思っているんです。銀行のファンサイトで出した萌え系キャラクター、実は最初のキャラデザインが不評でネットで炎上しちゃったんです。

その後、『ファンの力を借りて可愛くします』と宣言して、描ける人を採用して内製化して発表したら『半年でどうしてこうなった？』と絶賛されて、海外のまとめサイトに載りました」

なるほど、地方銀行なのにファンサイトの会員が全国で4万人もいる理由が見えてきました。プロセスを共有し、驚きを提供することで魅力を生み出していると。

それにしても、「銀行の萌えキャラがファンサイトで炎上、からの絶賛」って、見たことのない字面です。

トラの働き方メモ

どうすれば面白がってもらえるか、ずっと考えている。

あえて非効率・非常識なやり方を選ぶ

ある日、フジノさんから「面白い人たちがいますから来ませんか」と誘われたイベントで出会ったのが、主催者で大手シンクタンク所属のサイトウさんです。

サイトウさんは、「従来とはまったく異なる切り口から事業を創り出し、日本の社会課題解決にもつながる挑戦をしている〝革新者〟たちを100人発掘し、ネットワーク化する」という目標を立て、なんと自ら一人ひとりに直接会いに行き、3年以上かけて実現しました。

全国各地にいる100人に会うってめちゃめちゃ大変だと思うんですけど、なぜそんなやり方を選んだのでしょうか。もしかして、ヒマだったんでしょうか。聞いてみました。

「革新者のみなさんとは、一度お会いするだけでなく、ビジネスの友人のような関係をつくりたかったからです。本当に泥臭いやり方だったと思います。シンクタンク研究員やコンサルタントとして長く仕事をしてきましたが、社会課題を分析して、上から目線で政策や戦略を提案するというスタイルに疑問を感じていたんです。

なので今回は、本質的な対話をするために現場を訪ね、面白いと感じたところに思いっきり突っ込んでインタビューするというやり方に徹底してこだわりました」

これまでの常識的なやり方に、モヤモヤを感じていたんですね。

「さらに100人の革新者全員と僕自らが会おうと決めました。誰か1人が全体を俯瞰する必要があると感じていたからです。分担してしまうと、効率はよいかもしれませんが、すべてを知る者が誰もいなくなります。そうすると、迫力ある分析もできないし、ネットワークもつくれなくなります」

実際、サイトウさん主催のイベントに集まっている人たちの熱量は高く、革新者として参加していたスノーピーク経営者の山井太《とおる》さんをはじめ、トラだらけ、ネコだらけの事業創発コミュニティが立ち上がっていたのでした。

トラの働き方メモ

1人でぜんぶやることで、全体と現場を理解する。

仕事は積み重ねではなく、積み減らし

たいていの人は「これまで仕事で積み上げてきたもの」を大切にしますが、そうではない考え方もあります。サイトウさんが、こんなハナシをしてくれました。

「歌手の竹原ピストルさんの『オールドルーキー』という歌、ご存知ですか。すごくトラ的な歌詞なんですよ」

どんな歌詞なんですか？

「積み上げてきたもの〝で〟勝負しても勝てない、積み上げてきたもの〝と〟勝負しないと勝てない。そんな感じの歌詞なんです。これ、往々にして、ある程度の年齢までやってきた人にありがちな、自分の過去の実績に頼るという生き方へのアンチテーゼだと思います。それじゃあ世の中では勝てない、というメッセージにハッとさせられました」

おおお。それ、ぼくが好きな岡本太郎さんの言葉、「人生は積み重ねだと誰でも思っているようだ。ぼくは逆に、積みへらすべきだと思う」と近いですね。

「組織のトラってオールドルーキー的なところがあると思います。それなりに歳を取って経験値もあるんだけれど、覚悟を決めてまた新しいことを始めようとしている。その過程で失敗したり、責められたり、無視されたり、鼻で笑われたりと、いろんなことが当然あるんですけれど、決してSNSで吠えたりしない（笑）。そこが、若いルーキーとの違いです」

社内で評価されないとか協力を得られないとしても、夜中にSNSで「みんなわかってねーよ！」みたいな投稿はしないということですね。

「体力がものを言うスポーツの世界なら圧倒的に若いルーキーが有利だと思うけれど、ビジネスの世界で一番面白いのはオールドルーキーじゃないですかね。経験値のある人がルーキーの気持ちで仕事を始めたら、かなりの存在感になるはず」

トラの働き方メモ

経験から学びながら、成功体験を捨てていく。

浮かんだ絵を現実に変える

「組織にいながら自由に働くと言っても、公務員はムリでしょう」と思ったことのある読者のみなさま、お待たせいたしました。公務員のトラ（虎務員）をご紹介します。県庁職員のツヅクさんです。

ツヅクさんとは、お互いの所属する団体（岐阜県庁と楽天）が提携したことがきっかけで、一緒にお仕事をしました。その提携までの経緯を、自己紹介を交えて聞いてみましょう。

「県庁に入って税金担当、海外赴任、知事の秘書を経験して、政策企画の担当になった頃から『自分のキャリアは、このままじゃダメだなぁ』と感じていました。庁内の調整だけではなく、もっと県民生活とか中小企業の実態と結びついた現場の仕事をしたい、人と一緒に手を動かす仕事をやりたいという思いが膨らんでいったんです。
ある日、広報課の人が僕のところにやってきて、『楽天から電話がかかってきて、出店セミナーをやりませんかと相談された』と。聞いた瞬間、『これは絶対に面白い政策になる』と直感したんです。
すぐ楽天さんに来てもらって資料を見たら、埼玉県や宮城県と楽天とが連携協定を結んでいると書いてあって『これだ！』と絵が浮かんだんです。三木谷社長とうちの知事が握手して『やります！』みたいなツーショット。この絵をつくってみたい、と火がつきました」

実際、2カ月半後には締結が実現したんですよね。

「楽天さんから『こんなに早く進んだ自治体なかったです』と驚かれました。いざ『締結式はどうする』という話になったら、三木谷社長は多忙で地方に行けないと。『だったら、うちの知事に行ってもらいましょうか。いくら忙しい社長でも、社内で30分くらいの時間は取れるでしょう』と提案したんです。

知事の秘書をやっていたので、東京での時間を確保する当たりはついていました。すぐ秘書課に連絡してスケジュールを押さえてもらい、知事にも直接説明に行って。快く『いいよ、行くよ』ということで、楽天本社に行ってもらいました。三木谷社長も『本当にいらっしゃったんですか』と恐縮されていました。当日、記者にも声をかけて待機していただいて、翌日の新聞にバーンと載りました」

トラの働き方メモ

できない理由ではなく、できる方法を考える。

現場で絵を描き、ゼロ予算で始める

ツヅクさんに「絵を描いて、実現するコツ」を聞いてみましょう。

「絵を描く力って、現場を知らなければ磨かれないと思います。机にかじりついているだけだと絵は決して浮かばない。だから、外に出て違う立場の人とたくさんしゃべったり、現場の様子を見に行ったりする体験の蓄積が大事だと思います。あとは、実現する工夫も大事」

自治体の仕事の進め方というと、きっちりと計画つくって予算立てて……というイメージですけど、ツヅクさんは全然違いますよね。

「その逆で、走りながらだんだんわかってきたものを形にしていきます。楽天との提携で言えば、年度途中に決めたことですから予算なんてついていませんでしたが、役所中を探すとお金は結構見つかるんです。正式には〝流用〟とか〝再配当〟という仕組みなのですが、他の部署で手に余ってそうなお金を見つけては『これ、俺にくれない？』と言い回って。相手も『引き取ってくれるなら喜んで』という具合です。

それでお金の面を解決しながら、楽天とネットショップ出店セミナーを企画したんです。1つだけ注文をつけたのは、実際に商売をしている店舗さんのリアルな話も聞かせてほしいということ。

その店舗さんの話がめちゃくちゃ面白くて、『これだよ、これ！』と。ネットショップは単にモノを売るチャネルではなくて、価値を売るための努力の集大成なんだということが僕自身もハラオチしました。やはり政策になる、と確信できました」

現場で観察したことにヒントがあるわけですね。

「さらに話が進んで全国初の海外向け物産展をやることになり、その勉強会のアイスブレイクとして店舗さん同士の名刺交換の時間を5分ほどとったんです。そしたらそれが大盛り上がりで、名刺交換が全然終わらない。ここでまた『これだよ、これ！』と目が開く思いがしました。『なるほど、この人たちは横のつながりを求めているんだ』と。

そこで、1カ月後には『ぎふネットショップマスターズ倶楽部』というコミュニティを立ち上げました。なぜすぐにできたかというと、お金がまったく要らなかったからです。県庁の会議室を使えば会場費はゼロ。告知は商工会議所や商工会に声をかけて流してもらって予算ゼロでできましたから」

トラの働き方メモ

現場で人を観察する。喜びの種を見つけたら、すぐ動きながら形にしていく。

「素人であること」を強みに変える

仲良くしてもらっているネットショップ経営者から、「おもろい人がおるから紹介するわ」と言われて一緒に飲みに行き、意気投合したのが、不動産ポータルサイト大手で企業内シンクタンクに所属するマンジョウさんです。

マンジョウさんが2015年に手がけたレポートは、業界で特に注目されました。タイトルは『官能都市－身体で経験する都市：センシュアス・シティ・ランキング』。どんな内容で、どんなふうにつくられたのでしょうか。

「〝官能都市〟のテーマを決めた頃は、オリンピックに向けて東京の再開発がすごい勢いで進んでいた時期でした。あちこちで似たような高層ビル建設が始まって『このままじゃ、街がつまらなくなるよね』という課題が見えてきたんです。

ただ、住宅ではなく都市をテーマとして扱うのは初めてだったので、まったくの素人。まず主要な都市論を読みまくるんだけど、素人がすでに語り尽くされている都市論を上塗りしてもしょうがない。

もともと僕は文系で、工学系の知識もない。それで決まった路線が『いまの都市再開発にはエロースが足りない』。ロゴス的発想の工学系の人たちが絶対に取り入れない、マーケティング発想のアプローチです」

マンジョウさんのつくられた「センシュアス指標」の調査項目には、「お寺や神社にお参りをした」「平日の昼間から外で酒を飲んだ」「地元でとれる食材を使った料理を食べた」「通りで遊ぶ子供たちの声を聞いた」みたいなのがあって、面白いですね。

「数値で出せない〝感覚を測る〟という挑戦でした。『どのくらい心地いいか』という感覚は主観的だし安定性がないので測定しにくい。今日『心地いい』と言っても、同じ場所で明日は『心地よくない』かもしれない。

　そこで出てきたのが〝行動を測る〟という手法だったんです。たとえば『路上でキスしたことがあるか』という質問に対して『はい・いいえ』で答えてもらうというふうに、〝感情にひもづく行動の経験〟を測定しました。経験の有無は自己申告ながら客観的な事実データとして扱えるので安定している。するとその評価指標がウケて、新書として出版されるまでになったんです」

トラの働き方メモ

素人であることを活かして、専門家が誰もやっていない掛け算をやる。

プロ契約を結ぶ

マンジョウさんは、前職でも企業内シンクタンクで同様のレポートをつくっていたそうです。どういう経緯で転職したのか聞いてみました。

「前職では自由にレポートをつくらせてもらってすごく面白かったんですが、あるとき方針が変わってしまったんです。レポートの評判だけが僕の生命線なので、つまらないレポートを出すようになったら組織と共倒れだと思って辞めました。

『無職なう』とSNSでつぶやいたら、『では、うちに来ませんか』と声がかかったんです。僕のレポートを昔から評価してくださっていた人からの紹介でした」

いまの会社は、正社員ではないんですよね？

「あえて1年更新の契約にしてもらいました。僕にはそれがすごくよかったです。ある程度経験を積んだ年齢になったら、長期雇用よりも3年契約とかフリーエージェント的に働くほうが生きやすいんじゃないかと思います。会社と働く個人が対等な関係であることは、トラの生息条件かもしれません」

わかります。ぼくもプロサッカークラブと「プロ契約」をして働いたことがあります。要は個人事業主として会社と契約する業務委託なんですが、「プロ契約」という言い方にするだけで選びたくなりました。気持ちもピリッとしますし。

「いいですね。プロスポーツ選手がやっているシステムをサラリーマンの世界にも取り入れたら面白いですよね。僕の場合は1年ごとの契約ですが、もちろんお互い長期継続を前提にしたものですし、そのためにちゃんといいものをつくらねばという緊張感は高いです」

指示されていないことをやるトラは、社内で評価されないこともありますが、その分、外でつながった人たちからの高評価が社内評価につながることもあります。
サラリーマンは、「もし自分が1年更新の契約だとしたら」と考えてみると、仕事のしかたが変わるかも。

トラの働き方メモ

会社と対等な関係を好んで、プロ契約をする。

人材採用は下北沢のクラブで

ぼくをトラの世界へ誘《いざな》ってくれたフジノさんとサカザキさんから異口同音に「彼女は間違いなくトラです」と紹介されたのが、東証一部上場企業の取締役、ガドウさんでした（現在は退任）。

「でも取締役ですよね？　きっと華々しい経歴の」と思いきや、バリバリの叩き上げ。しかも女性として最年少で上場企業の取締役になったそうです。

「転職して入社後、最初に言われたのが『有報（有価証券報告書）つくって』でした。経理の前任者が辞めていて社内にやったことがある人もいないし、私は簿記ももっていないから、とりあえず監査法人に電話しました。言われていることが何一つわからなくて、『監査六法の何ページって言ってください』という感じでしたが、なんとか全部できるようになりました。

当初は固定給＋ボーナスという雇われ方だったんですが、ふと『これ、月次と年度の決算さえやったら、あとは何してもいいんじゃない？』と気づいたわけです」

やることさえやれば、あとは自由だと。決算にはどのくらいかかるんですか？

「経理業務のなかで、一番時間がかかっているのは営業への問い合わせだから、自分で営業のことを把握できたら5日も詰めてやれば私のミッションは終わるなと。当時は携帯電話の販売員の派遣事業が主業だったので、早速、ケータイの店舗に通いつめるようになりました。

まず店長やスタッフと話して仲良くなり、次に通信キャリアや販売代理店の担当さんとも仲良くなって、さらに部長クラスとも話ができるようになって、飲み会には必ず呼ばれるようになりました。私、一切お酒が飲めないのに。そのうち、求められている人材やニーズがわかるようになって、人材事業もスムーズにできるようになりました。月次決算も本当に5日で終わるようになっています」

人の採用のしかたも変わっているとか。

「人材派遣業界は人手不足で大変だと言われているのですが、うちは大丈夫なんです。下北沢のクラブに行って名刺配ったら何人か採れました」

およそ上場企業の管理部長とは思えない行動の数々。突き抜けてます。

トラの働き方メモ

未経験でも、とにかくできるまでやってみる。そのうち独自の手法を編み出す。

「なぜ」を共有し、対話を生み出す

ベストセラー『最高の戦略教科書 孫子』（日本経済新聞出版）の著者・守屋淳《あつし》さんのSNSを見ていたら、「孫子の兵法を学べるゲームを自作している面白い人」がいました。その後、紹介でつながったのが航空自衛官のイトウさんです。

イトウさんは、世に出ている孫子関連の本（約1000冊）をすべて読んでいて、蔵書は8000冊という博覧強記の人。孫子ゲームをつくった経緯は？

「航空研究センターで働くうちに、将来を担う若手幹部たちに、いかに古典に深く触れながら戦略や作戦、ドクトリン（考え方や行動の基盤）を学ぶ動機付けをするかという課題意識をもつようになりました。

そんなとき、航空自衛隊幹部学校の若い学生たちから、地政学や戦略、作戦、ドクトリンについて教えてほしいという依頼を受け、課業外に対応していました。当初、講義や意見交換をメインに行っていたのですが、学生に体感してもらわないと理解は深まらないと思ったんです。

遊び感覚でできる対戦型ゲームであれば、『ここでつまずいた』とか『ここがよくわからない』と気づく実体験が生まれやすいかなと。実際にゲームをやってもらうとすごく吸収が早いです」

体験がともなうと、「なぜやるのか」がハラオチしますね。

「なぜやるのかを理解していれば状況の変化にもすぐに対応できます。〝なぜ〟がしっかり共有されれば、現場が戦い方を考えられる。そのために大切なのがデザインです。

私が考えるデザインの定義は〝一瞬で状況を見抜き、問題を設定して、解決するためのあらすじをつくること〟。デザイン活動をリーダーとスタッフが一緒に行えば、新たな価値を生むダイアローグ（対話）につながる。打ち負かすディスカッション（議論）ではなく、ダイアローグをする技術を組織全体で高めたいというのが孫子ゲームをつくった目的の1つです」

指示命令で動くのではなく、自分で考えて動ける組織をつくるためだったんですね。

ちなみに、孫子ゲーム、めちゃめちゃ頭がつかれますがとっても面白いです。

トラの働き方メモ

体験的に気づきを促す。対話が生まれる組織をつくる。

相手のメリットを考え抜き、自分の言葉で伝える

「フェローっぽい働き方の会社員同士で飲もう」という会で知り合ったのが、ビジネススクール運営会社に所属するワタナベさんでした。「G1サミット」というビジネスリーダー向けカンファレンスの立ち上げを1人で担当した人です。

ワタナベさんのSNSを見ていると、コメント欄に書き込んでいるのが錚々たる著名経営者の方々。そういうつながりをつくるにあたって、意識していることはありますか？

「意図的に人脈づくりをしたという感覚はあまりないんですよね。9割はご紹介です。イベントにご参加の方が、お知り合いを連れてきてくださったり。

当たり前かもしれないですけど、相手のメリットをとことん考えることはやっていまし

た。『G1に出てください』と一方的にお願いするのではなくて、何かしら価値や意味合いを感じてもらえるように伝える。超多忙な方々なので、価値を見出さないと来てくれないし、その価値というのもお金じゃないんですよね。

〝いまこのテーマであなたにご登壇いただく意味〟をしっかり語れるための準備はしていました。著書を全部読み込むのは当然として、そこから受け取ったメッセージを自分の言葉で語れるくらいまでは咀嚼したうえで、相手とのコミュニケーションに反映していました。

あとは、ちょっとあざといんですけど、単純にレスポンスを早くするのも大事です。23時45分にメールが来たら、2分後の47分には返す、みたいな」

いや、全然あざとくないです。トラのみなさん、だいたい即レスです。

「特に忙しい相手だと、早くて短いメールのほうがリターン率高いんです。上司に言われたからという義務感じゃなくて、私の存在をかけてやろうとしているから、ついそうなっちゃうんですよね。でもそんなことをやり続けると、『あの人、やりすぎじゃない？』と組織から浮いちゃいますけど」

トラ経営者は、「丁寧だけれど事務的な挨拶」を好まない人が多い気がします。初めての相手から「大変お世話になっています」と書かれた時点で、「お世話してないし。この人は心がこもっていない」と判断しちゃいがち。〝形式だけ〟の態度への嗅覚が鋭いです。

トラの働き方メモ

人脈づくりはしない。真摯に対応していると紹介につながるだけ。

役職は「登る山」ではなく「川の流れ」

「全社員が複業している会社」を経営する友人からイベントに呼ばれたときに紹介されたのが、名刺に「暫定CEO」というナゾの肩書きのついたリュウゴウさんでした。

しかも会社の事業を聞いたら、ハエの幼虫を使って世界の食糧問題を救う最先端テクノロジーだとかで、ますますナゾが。とにかく気になる「暫定」ってなんですか?

「私はもともと広報が専門で、所属していた会社がハエの会社に参画したんです。執行役員として広報の実務をやっていたら、ある日突然『CEOになってほしいんだけど』って。『何言っているんですか?』と返したんですけど、よく話を聞けば、CEOをはじめCOOやCFOなど経営人材が揃うまでの募集期間に表に立つ人間として引き受けてほしいと。

『それにしたって私はCEOの器じゃないですから』と押し引きした結果、『そうだ、〝暫定CEO〟だ！』と誰かがひらめいて。『スティーブ・ジョブズも暫定CEOの時期あったしね』とかなんとか言われるうちに、暫定CEOになりました。イメージ戦略として〝女性活躍〟の流れを活用したという背景もあります」

20代女性で暫定CEO。話題満載ですね。ちなみに広報になった経緯も変わっていると。

「1社目は営業だったんですが、びっくりするくらい営業ができなかったんです。私はバカだったので『テレビとか新聞に取り上げてもらえたら、みんな話を聞いてくれるはずだ！』と思って、社長に『広報を勉強させてください』と直談判したんです。

それで基礎知識を身につけ、最初のプレスリリースが日経新聞の大阪版に載りました。これがすごい反響で。そこから世間に注目されるためのPR戦略を立てる仕事が面白くなったんです」

役職は「登る山」ではなくて、「川の流れ」みたいに移り変わるイメージですか？

「その通りです。私のいまのミッションは〝最短で暫定ＣＥＯを降りること〟だと思っています。グローバル展開するだけの最強の布陣を揃えるまでが、私の役目だって」

（その後、リュウゴウさんは「暫定ではないＣＥＯ」になり、役目を果たしたあとに退任されました！）

トラの働き方メモ

役職・肩書きにはこだわらない。自分の仕事をなくすために働く。

仕事を選ぶ基準は「80年後に役立つか」

2児の母でもあるリュウゴウさんに聞きました。いろんな案件が舞い込んでくるなかで、仕事を選ぶ基準ってありますか？

「あります。〝うちの子どもたちが80歳になったときに役立てる事業かどうか〟だけです。私が費やせるエネルギーや時間には限りがあるので、子どもや孫たちが生きる世界を明るくする事業だけを選びたいなと思っています」

たしかに、子どもをもって初めて、80年後が自分ごとになる感覚ってありますね。それまでは「自分が死ぬまで何とかなればいいかな」と思いがち。

「私は世間と比較すると若くして母親になったので、それが自分のキャリアにストップをかけている、と悩んだ時期もありました。でも、それって勘違いで子どもがいるからがんばれていたんですよね。いまは『あのときに産む選択をしてよかった』って心から感謝しているんです。

私の力の源は子どもたちです。ただ、『子どもたちを守らないと！』と必死に仕事をしてきて、子どもには寂しい思いをさせてきたのも事実なんです。でも、だからこそ、私がめっちゃ面白がって働く姿を見せて、『大人になるのが楽しみ』と思ってもらいたい。そうじゃないと、子どもたちに申し訳ないですよね。ただ、夢中で仕事をしていると、つい案件を抱え込んで忙しくなりすぎちゃうのが悩みです」

ぼくの場合、仕事の流れを俯瞰すると、目の前にきたチャンスをオープンに受け入れる「拡散期」と、数を絞り込んでいく「収束期」が交互に訪れる気がします。

「そうですね。案外、自然に絞られたり、効率よくできたりするようになっていくのかもしれないですね。だといいな」

他人が決めた基準じゃなくて自分の基準で選び続けると、最終的には全部いい感じにつながって効率よくなっていく気がします。なお、CEOを退任したリュウゴウさんはそのあと、ある会社で「CSO（チーフ・サステナビリティ・オフィサー）」に就任していました！

トラの働き方メモ

「あー、今日も楽しかった。早くまた仕事したいな」と子どもに言う。

出島的に働く

日経の知人から、「会社のなかで自由に働くためのイベントをやりましょう。対談相手は決めてます。絶対に気が合うはず」と言われて出会ったのが、大手広告会社に所属するクリエイター、クラナリさんでした。

打ち合わせのため日経さんのロビーに行ったら、重厚感のあるしつらえで、ダークスーツの人ばかり。ぼくみたいにリュック背負って、アイスラテもってる人なんて誰もいません。

……と思っていたら、向こうから、リュックにアイスラテの人が現れました。クラナリさんでした。打ち合わせそっちのけで、雑談が盛り上がりました。

「10年くらい前からデジマっぽい部署にいます」と言うので、「デジタルマーケティングの略ですか?」と聞いたら、「いや、長崎のほうの」。「えええ、ぼくの本に〝出島的な働き方〟のことを書いてあるんですけど!」と始まって、詳細を聞くと……

「新しい部署にお呼びがかかって、キックオフで上長から『いままでと同じことはしないでください』と言われました。フロアの片隅に1室だけカギのかかる大部屋が割り当てられて、『ここ、出島っぽいよな』と話しているうちに、リアルな出島から盗めることはありそうだと思うようになったんです。

実際に行ってみたら、街全体のデザインが素晴らしくて、ものすごいインスピレーションをもらいました。特に感動したのはオランダ商館の館長の部屋。壁全面に唐紙が貼られ、畳の上に天蓋付きのベッドが置かれ、インドの布が掛けてある。鳥かごや顕微鏡、屏風……部屋に置かれたものがすべて当時の交易のルートを表すようで、和洋折衷の原点のような場所でした」

そういえば出島って、オランダ商館が入ったことで、〝海外との接点〟としていろんなものが混ざり合う場所になった。そういう〝際《きわ》〟に、坂本龍馬のような商売センスや勘のいい人たちが「ここは面白いぞ」と集うようになって、新しいものが生み出されていったんですよね。

「〝出島〟的ではあるんだけど、やってる仕事は僕らが〝ど真ん中〟だと思いたい。本来、広告業界って全員が〝出島〟なんだと思うんです。

クライアントの広告宣伝を外部視点から一緒につくり上げていく。会社のなかにじっといるだけでは、価値は生めないので」

トラの働き方メモ

組織の際《きわ》で、外の人と遊んで、新しいものを生み出す。

際立ったB面をもつメンバーを掛け合わせる

クラナリさんは、「電通Bチーム」を立ち上げた人です。Bチームってなんですか?

「Bチームは、社内横断型のクリエイティブ集団です。〝B〟には2つの意味があって、1つは〝B面〟のB。世界的に活躍するDJとか小説家とか、農業やっているとか、大学時代からAI研究しているとか、グルメブロガーであるとか、会社の仕事とは別に際立ったB面の顔をもっている社員を集めています。

もう1つの意味は、〝プランB〟のようなオルタナティブな価値提供をするってことです」

個人の際立った趣味や特技を掛け合わせると、ビジネス常識を踏まえた「プランA」では出てこない発想になるわけですね。面白い。メンバーはどうやって集めているんですか？

「立候補と、社内ネットワークを駆使して見つけてくるのと両方あります。基本的に、人格がいい人しか入れません。オレオレ系の自己主張が強すぎるタイプはダメ。チームなので。

実際に集まっているメンバーの共通点を一言で表すとしたら、〝お茶していて楽しい人〟ですかね。雑談中に誰かがふと提供したネタに対して、『ってことはこうだよね』『こんなプロジェクトにしたら面白くない？』『やろう、やろう！』とノリよく盛り上げられる人。あと、僕は社内一、若手の才能をウォッチしている自信はあります。『何が得意で、何を実現したくて働いているのかな？』『いまハッピーなのか？　もし不満があるなら何に対して？』とかを含めて。

そうすると、Bチームだけでも数十個の案件が同時進行しているのですが、『あの人に手伝ってもらったら？　たぶん興味もちそうだし、得意みたいだよ』とメンバーをつなげることもできる。おそらく僕は、社内一の〝お節介オジサン〟でもありますね」

「社内で一番◯◯」と言えるものがあるというのは、すごく大事だなと思ってます。

「いいですよね、〝社内一〟を目指す生き方。つい日本一とか業界一を目指してしまいがちだけど、組織のなかで重宝されるのは〝社内一〟かもしれませんね。一見、内輪っぽいんだけど、結局は社業のためになりますからね」

トラの働き方メモ

「社内一」と言えるものをもっている。

4次元オープンイノベーション

「僕の〝社内一〟は、才能をつなげるお節介オジサンのほかに、実はもう1つあるんですよ」とクラナリさんが言いました。どんな社内一ですか？

「たぶん社内で一番、会社の歴史に詳しいと思います。あるとき、会社の100周年事業で制作された4代目社長・吉田秀雄さんの伝記が全社員に配られました。その後、デスクに7年くらい放置してあったんですけど、たまたまふと手に取って読み始めたら、ページをめくる手が止まらなくなって。『何だ、このハイパークリエイターは⁉』と揺さぶられたんです。

調べてみると、会社が積み上げてきた過去の歴史って、アイデアの宝庫なんですよ。この会社ならではの持ち味や大事にすべき発信の角度みたいなものも、わかりやすく見えてくる。だから最近よく、『4次元オープンイノベーションを目指そう』と言っています」

4次元オープンイノベーション？

「〝過去の人〟と組むことです。いまの案件に過去のエピソードを掛け合わせることで、ゼロからつくり上げなくてもストーリー性が強固になって面白くなったり、『原点回帰しましょうよ』と言うだけで説得材料になったりする。僕はいま、故人も含めて偉大な先輩方と組んで仕事をしている気持ちでいるんです。

若手を何人か連れて社史編纂室に行ったら、担当のおじさんが感激して『いくらでも居て』と喜んでくれて。特に若手なんか滅多に来ないんでしょうね。社史は発想起点の宝庫ですし、社史を通じて知ったレジェンド級の社員に直接話を聞きに行くこともよくやっています。

昔、ＪＲやＮＴＴ民営化のときのロゴをつくったＣＩ（コーポレート・アイデンティティ）ブームの仕掛け人とか。〝あの時代に何が起きていたか〟を聞いて、そのなかからいまにも使えそうなトピックをまとめて発信するプロジェクトをBチームでやっていたりもします」

なるほど、社史との共創ということですね！

「実は出島に行ったのも、4次元オープンイノベーションなんですよ。歴史的文脈からヒントを得ようという期待で行ったんです。で、実際にすごいインプットを得られたという」

トラの働き方メモ

歴史（社史）とコラボして、原点回帰的な新しいアイデアを生み出す。

「すごい」と思った人に仕事を依頼する

あるとき、SNSで見かけた「人に仕事をお願いする9つの心得」というブログ記事が興味深かったのでシェアしたら、たくさんの「いいね！」がつきました。その後しばらくして、たまたま紹介された人と名刺交換したら「この前、僕のブログをシェアしてくださいましたよね」「えええ、あの記事を書かれた方ですか⁉」となりました。そんな出会い方をしたのが、編集者のイワサさんです。

イワサさんは、まだ著作のない人を発掘するのが得意とのこと。これまでどんな方を？

「冨山和彦さんや出口治明さん、日本コカ・コーラ会長だった魚谷雅彦さん、マッキンゼーにいた伊賀泰代さんもそうですね。最初に入った会社の規模が決して大きくなかったので、すでに何万部も売れている著者に書いてもらうのは難しかった。となると、将来売れるだろう人を見つけてくるしかない。まだ著書はないけど、出せば多くの読者を惹きつけるに違いない。そういう人を探して、口説くんです」

その口説くときの流儀が、「人に仕事をお願いする9つの心得」の内容なんですね？

「はい。ポイントは、相手に絶対に損な気持ちにさせないことと、〝なぜあなたにお願いしたいのか〟をきちんと伝えること。依頼内容は具体的に。どこからどこまでお願いするのかという範囲、期限を動かせるとしたらここまで、連絡方法の確認も。そして、仕上がりイメージを伝えて、あとは託す。

依頼を断られない自信は結構あります。相手がアウトプットを出してくれたあとは感謝を伝えるだけでなく、〝何がよかったか〟を明確に示します。新しいフィールドが拓ける挑戦機会にしてもらえるように。だから、その人の過去の実績のみを頼りにしない。『きっとこの領域でも力を発揮できる人だ』と考えて提案するようにしています。一緒に仕事をしてよかった、とお互いに共有できる関係を築けることが一番かなと」

親しくなってから仕事を頼むんじゃなくて、「仕事をして親しくなる」ということ？

「そうです。やっぱり仕事をしてみないと相手の全体像をつかめないし、自分が何者かもわかってもらえない。一度仕事で信頼してもらえたら、関係性は長続きしますので」

トラの働き方メモ

100人の知り合いより、濃く仕事ができる5人。仕事を通して仲間が増える。

会社と条件交渉をする

「会社と対等に働く」という表現を目にすることはありますが、具体的にはどういう感じなのでしょうか。「給料を上げてほしい」とか、バーンと言っちゃうんでしょうか。イワサさんが、会社に条件を出したエピソードを教えてくれました。

「たまたま入った会社で、希望と異なる出版部門に配属されて編集者になりました。やってみたら面白くて夢中になって14年。そろそろ異動だという時期に『いま以上にやりたい仕事はこの組織のなかでは見当たらない』と気づいて、辞めたのが36歳でした。

もう転職できる年齢とは思っていなかったのですが、何社かが声をかけてくれて、その1つが『ハーバード・ビジネス・レビュー』が月刊化するのでメンバーを増員するから来ないか、と。

入社を決め、編集部員として4年。その後、書籍編集の部署に異動して8年経った頃、『編集長として〝ハーバード・ビジネス・レビュー〟に戻らないか』と呼ばれて。でも、すぐにうんとは言えず、会社に条件を出したんです」

どんな条件を?

「まず、編集長はやりがいもあるけれど重責でもあるので、『3年限定でやります。どれだけ業績が悪くても3年続けさせてほしいし、よくても3年でやめる』と。『その後、どうするの?』と聞かれたので『会社辞めます』と宣言しました。引き受けるなら、自分の編集者人生の集大成としてやろうと思いました。

担当役員が社長と相談してくれて『社長がいいと言ってるよ』ということで引き受けました。実際は、3年では短すぎてやろうとしたことができてなくて、2年延長しましたが。

思えば僕はそんな交渉ばかりしていました。会社から『次はこういう仕事をやってほしい』と言われたら、『では、こうしてほしい』と逆オファーを返す。なぜそうするかというと、自分が任された以上は成功させたいし、言い訳の種は初めに自分で摘んでおきたいから。条件をのんでもらったら、あとは自分の責任ですよね」

トラの働き方メモ

言い訳できないように、会社に「成果を出すために必要な条件」を交渉する。

半径5メートルの人に200%満足してもらう

イワサさんは約束どおり会社を辞め、ベトナムとラオスに住んでから帰国して、フリーランスとして活動されています。辞めたあと、まわりの反応ってどんな感じですか？

「思い切ったね、と言われます。そんなことができるのは〝元ハーバード・ビジネス・レビュー編集長〟という肩書きがあるからだ、とも言われます。でも、僕自身としては会社にいる時期からずっと『自分の名前で仕事が取れないとダメだ』という意識で変わらずやってきていました」

自分の名前で仕事を取れるようになるために、具体的にはどういうことを？

「遠くにいる人まで自分をPRする必要はなくて、半径5メートルくらいの近くにいる人たちを大事にして、その人に100%、200%満足してもらえるような仕事を続けていたら、社会のなかで必要とされる存在でいられるのかなと。

さらに言うと、自分がワクワクできるつながりを大事にしたい。会社を辞めてからいただく仕事のルートって2種類あるんです。1つは前職の経歴を期待されて来るオファー。もう1つは、僕のブログを読んでからいただくオファー。

どっちが面白い仕事をもってきてくれるかというと圧倒的に後者です。新しい世界を求めて飛び出したつもりでいるから、『過去にやっていたことをもう一度』と言われてもやっぱり気持ちが乗りにくい。その点、ブログを読んで面白がって来てくれる人は、僕にとっても挑戦しがいのあるテーマをもってきてくれます」

挑戦や失敗について、どうとらえているんでしょう?

「そもそも先進国に生まれて滅多なことじゃ野垂れ死にしない僕らにとって、会社生活のなかで感じるストレスやプレッシャーなんて、〝挑戦〟と呼べるほど大したことではないと思います。

とりわけ僕の仕事は生命の危険を感じる職種でもないですし、誰かの命を預かっているわけでもない。世の中に存在する、本物のストレスと比べれば全然耐えられるレベルじゃないですか」

トラの働き方メモ

自分の名前で仕事をする。「○○会社の者です」という匿名の働き方はしない。

他流試合＆逆輸入

楽天創業メンバーの安武弘晃さんから「話が合うと思います」と紹介されたのが、プログラマー社長のクラヌキさんです。自分で立ち上げた社内ベンチャーを買い取る形（MBO）で社長になった、元サラリーマン。

そんなクラヌキさんの著書にあるプロフィールには、「天職と思える仕事に就こうと大手システム会社に入社するも、プログラマー軽視の風潮に挫折」という気になる記載が。

「システム業界用語で〝デスマーチ〟って言うんですけど、やってもやっても終わらないプロジェクトでプログラマーが疲弊する働き方になっていたんです。調べるうちに、〝ウォーターフォール（滝）〟と呼ばれるやり方に問題があると気づきました。分業された上流から落ちてくる設計書のとおりに下流でプログラムをつくるだけなので、面白くないし、たいてい設計書に穴がある。そのつじつま合わせにプログラマーが追われ続けるんです。

なんとか変えられないかと勉強を始めて出合ったのが〝アジャイル開発〟でした。使いながら改善していく形でつくるアジャイル開発は、2001年当時ほとんど知られていませんでした。深く共感して、『これを広めることが自分の使命だ！』と、社内勉強会を企画しました。

自部署の50人に呼びかけたら、来たのは後輩1人だけ。社内で見向きもされないことにガックリして、『どうしたら注目されるかな』と考えました。社内の若造が言うんじゃなくて、業界誌とかで取り上げられたら関心をもってもらえるのではないかと、社外でアジャイル開発を話題にしている場はないか探して、見つけたんです」。

まず外で評価される「逆輸入型」でチャンスをねらったんですね？

「まさに。しかも、そこには業界の権威のような方もいました。そこでも『どうしたら若造でも面白いと思ってもらえるか』と考えて、大企業の社員であることを強調することにしました。社名を使って社外活動するのに会社の許可が必要なことも知らず、堂々と活動していたら、社内から呼び出しが。

でも、大したお咎めはなく、むしろ『役員向けのテーマ勉強会でアジャイル開発を取り上げるから、プレゼンお願いできる？』と。マジかよと焦りましたが、そのプレゼンがウケたんです。直後に新部署が立ち上がることになって、メンバーに呼ばれました。そこでアジャイル開発をやっていいと公認されたんです」

トラの働き方メモ

社内で見向きもされないときは、社外の「他流試合」に出向き、評価を得て「逆輸入」する。

サラリーマンは「ドラクエ」

あるとき、クラヌキさんは社内向けにつくったSNSを、事業化しようと考えました。そういうときって、どうやって社内の決裁をもらうのでしょうか？

「これはやってみて実感したことですが、会社のなかで好きなことをやりたいときには、〝提案〟ではなく〝相談〟の形にすべし、という鉄則です。提案に行くとたいていは難癖つけられて終わるんですけど、『相談させてください』と訪ねると味方になってくれる人がほとんどでした。なかには『俺も昔、がんばってみたんだ』と伝説の企画書を見せてくれたりとか」

相談の威力すごい。

「役員に相談しては、また違う役員を紹介してもらってリレー形式で会っていきました。サラリーマンの世界って、ゲームの〝ドラクエ〟と本当に似ているなと思うんです。〝大ボス〟と戦うまでに、たくさんの〝中ボス〟を順に倒していく感じが。

違うのは、仕事だと倒されてもクビになってゲームオーバーということはなくて、せいぜい減俸になるくらい。それで本当に困ったら転職してイチから出直せばいいし。つまり、サラリーマンは死なない。不死身なんだと気づいてから、『思い切りやればいいだけだな』と吹っ切れました。

社長も熱心に聞いてくれて、『がんばってきているからいいんじゃないか』と言ってくださって、最後に『いくら欲しいんだ？　1億くらいか？』と聞かれたんです。考えていた方法だと、開発費なんて全然そんなに要らない。でも、一瞬揺らぎましたよね」

なんと答えたんですか？

「ここでもチラッと浮かんだのが〝ドラクエ〟のシーンなんです。『ドラクエⅠ』でラスボスの竜王と戦う前に、『世界の半分をやるから、味方にならないか?』と聞かれるの、知っていますか? そこで『はい』と答えたらゲームオーバーで、『いいえ』と答えたら竜王と戦えるんです。

そのシーンが浮かんで、『ここで〝1億要ります〟と答えたら、一生奴隷になる可能性があるぞ』と思って『要りません』と。あのとき『はい』と答えていたら、違う人生になっていたかもしれない。ドラクエやっていてよかったなと思いました」

トラの働き方メモ

サラリーマンは「不死身モードのドラクエ」。魔法の呪文は「相談いいですか」。

現場重視でやりすぎると、よいことが起こる

とある講演録を読んで、SNSに「ナニこの方、めちゃくちゃ面白い！　ナニこの方、めちゃくちゃ面白い！（面白すぎて2回言っちゃいました！）」と投稿したら、100回以上シェアされました。しかも共通の知人がいて、「紹介しますよ」と引き合わせてもらったのが大手電気機器メーカーに所属するタケバヤシさんです。

その講演録のなかに、東京から滋賀の自宅まで16日間かけて歩いて帰ったエピソードがあるのですが、そもそもなぜ歩こうと思ったのかを聞いたときのこと。

「前振りになる経験があったんです。新規事業開発のマネジャーをやっていたとき、駅の自動改札を通るだけで、その街の近隣店舗の情報やクーポンが配信されるサービスができ

たら面白いんじゃないかと企画して、鉄道会社さんにもって行ったことがあるんですね。まずプレゼンしに行ったA電鉄さんから、『タケバヤシさんは京都の方でしょ？　東京知らんのに、街のこと語れるの？』と一蹴されたんです。だったら知ってやろうじゃないかとA電鉄沿線を全部歩いてみた。すると、かなりいろんなものが見えてきたんです。面白くなって、次はB電鉄さんにプレゼンに行く前に沿線をすべて歩きました。僕が話し出すと、『どうしてそんなに知ってるんですか』と驚かれて、商談がとんとん進むんです」

まさか全部歩いているとは思わないですもんね。

「歩くとき頼りにしたのは、昭文社の地図でした。東京の地図は314の枠に分けられていて、実際に歩き終えたエリアを一つひとつ赤く塗りつぶして達成感を楽しんでいたんですが、そのうち全部塗らないと気が済まなくなって、3年半かけてコンプリートしました。その後、たまたま昭文社さんとビジネスを進める話になって、社長と会食する機会があったんですね。自己紹介したあと、『仕事の話の前にまず見てほしいものがあります』と言って塗りつぶした地図を見せたんです。『全部塗りつぶしたから、社長のサインいただけませんか』ってお願いしたら、本当にサインしてくださいました。『自社で出した地図にサインするの初めてです』とおっしゃってました。

　こういう体験は、全部が全部、明日のビジネスに役立つわけではないけれど、すべては経験値として溜まっていって、やがてオリジナルのアイデアにつながるんです」

トラの働き方メモ

現場で一次情報にどっぷり浸かる。突き抜けるまでやると、面白いことが起こる。

第3章

型破りな成果を上げる人の共通点

——トラの特性10箇条

「組織のトラの働き方」、いかがでしたでしょうか。

〝給料はガマン料〟的な考え方からすると、型破り・非常識に思えるかもしれません。事例の一つひとつがユニークなため、あまり具体的な仕事内容や手法にフォーカスしすぎると、「自分とは業種・職種が違う。参考にならない」と感じるかもしれません。

それだともったいないので、「銀行員や公務員でもできるなら、自分にもできるかも」とか「組織に属しているからムリ、は自分の思い込みだったかも」という受け取り方をしてもらえるとうれしいです。

まずは「仕事の世界にはイヌの道しかないと思っていたけど、ネコの道もあるのか」と気づくことが第一歩。では、ネコの道を進めるようになったとして、その先、ネコからトラを目指すにはどうしたらよいのでしょうか。

「トラの働き方」に興味をもった方のために、ここからは「トラの共通特性」について考えていきます。型破りに見えるのは、型がないのではなく「トラの型」があるのではない

【組織のトラの共通特性】

①社命より使命で動く（社内で浮いている）

②「レールから外れた経験」などの「痛みを伴う転換点」がある

③突出した成果と個性がある（お客さんの一部に熱狂的ファンがいる）

④経営層に理解者（庇護者）が存在する

⑤1人で全部やる「一気通貫型」の仕事をした経験がある

⑥群れに組み込まれるのがニガテすぎる

⑦異種のトラ（ベンチャーのトラ、ヤンキーのトラ）と仲良くなれる

⑧社外の人とチームをつくっている

⑨人をつないだり、自走支援の活動をしている

⑩展開型キャリア（運ばれるキャリア）で活動が広がっていく

か、というわけです。

フジノさんの仮説をはじめ、十数人のトラと会うなかで見えてきた共通点が、10個ほどありました。

1 社命より使命で動く
（社内で浮いている）

もうお気づきのとおり、「社命より使命」とは、「社命に逆らって自分勝手な行動をとる」という意味合いではありません。上司から指示された業務を全うすることだけを仕事とは考えず、「顧客のため、社会のため、この会社で自分がやるべきことは何なのか？」をつねに考えている、ということです。

そうすると、指示された以外のこともやり始めるようになるので、お客さんと遊んでいるように見えたり、直接関係ない部署の仕事を手伝ってサボっているように見えたりします。その結果、周囲から「アイツは何をやっているんだ」と思われて、社内で浮いた存在になりがちです。

もし上司からの指示が、「目標必達のためには、だましてでも売り込め」など顧客をないがしろにするものであった場合は、しれっとスルーして自分の使命を優先します。また、有力クライアントだからといって顔色をうかがうようなこともしません。

2 「レールから外れた経験」などの「痛みを伴う転換点」がある

上司やクライアントに「忖度」しない選択をできる理由が、この「レールから外れた経験」です。

というのも、「これまでの人生で一度もレールを外れたことのない人」は、レールから外れるとゲームオーバーのように思い込みがちです。上司からの評価が下がることを恐れるので、自分の本心を犠牲にしてでも社命や組織の都合を優先することになります。

それに対して、レールから外れた経験をした人は、「別にゲームオーバーになるわけじゃないしな」と気づいてしまっています。むしろ「レールを外れても道路っていうものがあった。しかも、道路のほうが行きたいところに自由に行きやすい！」とわかってしまった。なので、社内の評価が下がらないようにすることより本心にウソをつかないことを優先できるのです。

なお、レールから外れるパターンにはいろいろあります。

受験に失敗した、留年した、就職に失敗した、まったく向いていない配属先で毎日怒られた、降格した、左遷された、配属された事業が廃止になった、大病をした、大切な人に不慮の事態が起こった、などなど。

痛みを伴う転換点を経験しながら、そこで腐らず、自分なりに貢献できる道を探した結果、独自のキャリア・働き方を手に入れられているのです。

3 突出した成果と個性がある（お客さんの一部に熱狂的ファンがいる）

第2章「組織にいながら健やかに働く——トラの働き方」の内容からおわかりのように、それぞれの「突出した個性」を発揮して突出した成果を上げています。そうやって、まわりから「アイツには自由にやらせておいたほうがよさそうだ」と思ってもらえる状況ができることで、自由に見えるけれど自分勝手とは違うプレースタイルが成立しているのです。

ただ、突出した成果を上げていると言っても、「営業成績トップ」のようなわかりやすい結果ではないことが多いです。成績トップどころか、むしろ「そんなことをやっているのはその人以外、社内に誰もいない」という仕事をやっている場合がよくあります。

パフォーマンスの比較対象がない仕事だと、社内（特にイヌ派）からは「あの人、何やってるのか全然わからない」と思われがちです。でも、「一部の有力なお客さん」のなかにその人の熱狂的なファンがいたりするので、「何やってるかわからないけど、あのお客さんが評価している人」として社内的に認識されるわけです。

4 経営層に理解者（庇護者）が存在する

「一部の有力なお客さん」のほかに、経営層に仕事の価値を高く評価してくれる理解者や庇護者がいるのも共通点です。なぜなら、トラは基本的に会社の理念と自分の使命を重ね合わせながら、顧客や社会のために価値を創造しているから。

トラはたいてい、会社の理念が大好きで、その理念に共感してくれるお客さんのことが大好きなのです。

その部分を見てくれている経営層の理解者もまた「トラ」である場合が多いです。トラリーマンからすると、「あの人（経営層のトラ）がいるから自分はこの組織でがんばれる」と感じていることがよくあります。

逆に、その人がいなくなってイヌ派ばかりになると、トラはその組織で生息できなくなったり去りたくなったりしがちです。

経営層のトラは、直属の上司とは限りません。ただし、かつて一度はがっつり一緒に仕事をしたことがあり、そのときの信頼関係がベースにある場合が多いです。

5　1人で全部やる「一気通貫型」の仕事をした経験がある

指示された作業をずっと続ける働き方がニガテなこともあいまって、「誰もやったことのないプロジェクトの立ち上げ役」が回ってきがちなのも共通点です。

特に、1人で全部やる「一気通貫型」の経験者が多くいます。自分で価値を企画し、創造し、販売し、お届けし、お客さんから直接フィードバックをもらい、それをもとに価値を見直し、チューニングを合わせていく、という仕事のしかたです。「このプロジェクトが提供する価値とは何か」について向き合わざるを得ないので、力がつきます。

もちろん少人数でチームを組むこともありますが、基本的にプロジェクトの全体像を把握しながら、すべて自分で判断をします。お客さんから苦情があれば、責任も自分で負います。そのかわり、お客さんから「ありがとう」の言葉をもらえたときの喜びといったら、最高です。

この「お客さんからのありがとう」を、ぼくは「魂のごちそう」略して「たまごち」と呼んでいます。たまごちは、一度味わってしまうとクセになります。「次はどうやってお客さんに喜んでもらおうか」ばかり考えながら仕事に夢中になってしまいます。「たまごちジャンキー」状態です。

一気通貫型だと、プロジェクトの全体像がわかっていて、自分だけで判断できることも多いので、動きも速くなります。お客さんからリクエストをもらったら、対話しながらその場で対応を考えます。「では一度、社に持ち帰って検討を……」というフレーズは、ほぼ使いません。

お客さんがどう感じているのかを深く理解しているので、新たに企画を立てる場合も外れにくくなります。目の前のお客さんに喜んでもらう企画を始めると、それを聞いた別のお客さんが「そういうの欲しかった！」と反応してくれて広がっていくこともよくあります。

そうやって働き続けるうちに価値についての感性が磨かれていって、前述の「お客さんの一部に熱狂的なファンがいる」状況ができていき、それを見た「経営層のトラが理解者に」とつながっていきます。

これに対して、お客さんと接することなく分業化された業務を続けているだけでは、価値についての感性が磨かれにくく、このような展開は生まれません。分業しか知らない人ほど、モヤモヤしやすいわけです。

6 群れに組み込まれるのがニガテすぎる

組織に所属すること自体にはまったく問題ないけれど、群れることは好みません。

そもそも自分で考えながら臨機応変に動きたいので、混んでいるところがニガテです。満員電車、行列に並ぶこと、レッドオーシャンでの価格競争など、物理的にも概念的にも混んだところは好みません。

組織で群れに組み込まれると、関わる人数が多いので細分化された分業になりやすいし、新しいことを始めようとしても各所から「聞いてないんだけど」と苦情が出やすくなるので、ニガテです。

また、群れをコントロールしようとする人から同調圧力をかけられたり、形式的なルールでしばられたりするようなことは大キライ。お客さんが喜びそうなアイデアを思いついて、「こういうやり方はダメですか？」と社内で確認したときに、「指定されているやり方と違うのでダメ」とか「みなさんこうされてますから」と言われると泣きたくなります。

もっとも興味がないのが、組織の中央に密集して手柄やポジションを争うこと（とくに派閥争い）。そこに巻き込まれるくらいなら、窓際ポジションでいいから現場でお客さんと一緒にいたい。

ただし、ポジション（役職）に興味がないといっても、お客さんの笑顔のために必要なのであれば、ポジションを取りに行くことも大切だと考えています。あくまでエラくなりたいわけではなく、やりたいことをやるのが目的です。

「群れを統率するエラい人だけが知っている情報」が多い状態も好みません。情報格差のない、フラットな組織が好き。情報格差があると、自分で考えて動くことができません。よかれと思ってしたことが「勝手なことをするな！」と怒られかねないからです。

「そういうことなら、先に言っておいてくれたらよかったのに」となるのは、組織として生産性が低すぎるので、居心地わるく感じます。もちろん自分が情報格差の優位性を利用して、相手を意のままに動かそうとする物事の進め方も好みません。

7 異種のトラ（ベンチャーのトラ、ヤンキーのトラ）と仲良くなれる

都市部にいる元気な起業家「ベンチャーのトラ」や、地元で地方創生を担う「ヤンキーのトラ」たち、つまりやり手の経営者とつながれるのも共通点です。トラ経営者は「組織のイヌ」的な態度が好きではなく、それを一瞬でかぎ分けます。

すなわち、「この人は、組織人である前に1人の人間として他者と接することができる人かどうか」を見抜くわけです。

その点、組織のトラ（トラリーマン）は会社の看板に依存せず、相手の役職や肩書きによって態度を変えるようなこともありません。「弊社としては」のように組織を主語にはしないで「わたしは（ぼくは）」と言います。

社外の人に対して、上司や同僚を呼ぶときは呼び捨てより「○○さん」のほうがしっくりくる、という人もいます。社内外で言葉を使い分けることなく、会社の枠を超えた関係

性をフラットに築くことができるので、トラ経営者からも「一緒に仕事しましょう」と言ってもらえるのです。

トラ経営者と仲良くなると、意識して人脈づくりなどしなくても、「面白い人がいるから紹介するよ」「こういう集まりがあるから来ない？」と自然に魅力的な人たちとのつながりが増えていきます。

8 社外の人とチームをつくっている

人の力が必要になったら、プロジェクトベースで社外の人とチームをつくって活動するのも共通点です。

というのも、一般的に「大きな組織だと、ヒト、モノ、カネなど豊富なリソースを使える」と思われがちですが、実際には「まだ誰の正式業務でもない新しいこと」を始めるときには社内の人を誘えないことが多いからです。

新規事業は、そこそこの結果が出たとしても基幹事業と比べると圧倒的に数字が小さいので、会社としてリソースの優先度は上げられないしメンバーも評価されにくい。なので、評価を気にするタイプの人は誘えないし、ちょっと手伝ってもらうにも「部下のリソースを取られる」と感じるタイプの上司がいると声かけできません。

だから外部パートナーと組むことになるわけです。外部パートナーを選ぶときは、一緒に答えをつくることを楽しめる人、ハードな状況でも面白がれる人と組みます。正解がない道を進む仕事なので、下請け体質の人とは組みません。

外部の「プロ」と仕事をするとしても、あくまで「外注」ではなく「自分を含めたチーム」の形にします。社内の調整が必要なものは自分がやりつつ、外部のプロと直接やりとりすることで自分たちのノウハウも溜まるし、伝えたいことも伝わりやすいからです。楽ではないですが、力もつきます。

社外ネットワークをつくっていく際も、所属や役職、年齢といった記号から入るのではなく、「社会にとって新しくて面白いことをやろう」という想いが共鳴する人と、利害関係を考えずにギブの精神でつながっていきます。

お互いの強みを活かして「お金をかけなくてもできる得意なこと」を持ち寄ると、意外と簡単に価値を生み出すことができます。それがいつのまにか組織の正式な業務になり、「一緒に仕事をする仲間」になっていくこともよく起こります。

9 人をつないだり、自走支援の活動をしている

前述のように自然とネットワークができていくプレースタイルが共通点なので、そこから発展して「コミュニティのハブ」的な存在になっている場合も多いです。特に、想いのある人たちが孤独にがんばっている状況を知ると、「みんなで集まれる場をつくりましょ

うか」と考えて、動きがちです。その際、会社の看板があることによって「怪しい集団ではなさそうだ」と思ってもらえるという点では、組織に所属しているメリットを最大限に活用します。

ただ、コミュニティの中心的存在である反面、「あなたがいないとダメなんです」と依存されることは好まないため、「いかに自走してもらえる状態をつくれるか」を考えて自走支援的な活動に至るのも共通しています。自分が中心となってできあがったコミュニティや組織に、君臨し続けようとは思わないのです。

むしろ、自分がいなくなっても誰も困らない状態をつくれるかどうか、コミュニティや組織のメンバーが指示待ちにならない状態をつくれるかどうかが重要だと考えます。自分が気づかないうちに「老害」になるようなことは極力避けたいとも思っています。

なお、他社のAさんとBさんを紹介してつなぐことで新しい何かが生まれる、という活動は、直接的な会社の売上にはつながらないので社内からはまったく評価されません。自走支援の活動も、関わる人たちが自走できるようになればなるほど、よい結果が出たときに自分の貢献の因果関係が不明になります。

なので、誰からもほめられないし、感謝もされない場合がよくあります。でも、「確かに会社として価値を提供できている」と自分で判断して、責任をもってやっています。そして、たとえ感謝されなくても自分が関わった人たちが活躍する姿を、陰から見て一人喜ぶのです。

10 展開型キャリア（運ばれるキャリア）で活動が広がっていく

肩書きや出世のレールには興味がないので、「何歳までに課長になって、こんな専門性を身につけて……」といったキャリアプランはもっていません。思い描いたとおりのキャリアになっている人はほぼおらず、流れに運ばれるように次の仕事が決まっていくのが共通点です。

自分で目標を決めて進む登山型ではなく、臨機応変な波乗り型。「変化のきっかけ」をもたらすのはたいてい他人からの頼まれごとや丸投げ的な指示です。たとえば、「ベトナムで何か新しい仕事つくってきて」とか「社長（市長）になってもらえませんか」とか。計画するキャリアではなく「呼ばれるキャリア」「運ばれるキャリア」とでも言いましょうか。

SNSがきっかけになることもよくあります。ワークとライフが融合しているので、SNSの個人アカウントでふつうに仕事の話を投稿している人が多いです。ふだんから情報発信をし続けることで、情報が集まってきやすくなっていて、仕事がSNS上のやりとりから展開しやすいのです。

「無職なう」とつぶやいたら就職が決まったり、「この方の記事、面白い！」とシェアしたら「知人なので紹介しますよ」とコメントがついたり。「自分は人の引きが強い」「運がいい」と言う人が多いです。

組織の枠にもとらわれていないため、活動は社外にも広がり、名刺が増えるタイプの人も多いです。副業・複業の形もあれば、ボランティアの形もあります。「ウチの会社は副業禁止だから無理」と考えるのではなく、「どういう形であればできるか」と考えます。

以上が、いまのところ見つかっている「組織のトラの共通特性」です。

第4章

進化のカギは「よい加減」

——ネコからトラへの道のり

加減乗除の法則

「自分はネコ派だ」と思う読者のみなさま、「組織のトラの共通特性」にあてはまるものはいくつあったでしょうか？

改めて並べてみます。

- □社命より使命で動く（社内で浮いている）
- □「レールから外れた経験」などの「痛みを伴う転換点」がある
- □突出した成果と個性がある（お客さんの一部に熱狂的ファンがいる）
- □経営層に理解者（庇護者）が存在する
- □1人で全部やる「一気通貫型」の仕事をした経験がある
- □群れに組み込まれるのがニガテすぎる

□異種のトラ（ベンチャーのトラ、ヤンキーのトラ）と仲良くなれる
□社外の人とチームをつくっている
□人をつないだり、自走支援の活動をしている
□展開型キャリア（運ばれるキャリア）で活動が広がっていく

ネコ派の人は、この10項目の共通特性にあてはまるよう意識しながら仕事をすると、いつのまにかトラになっているかもしれません。

そんな「ネコからトラへの道のり」を、より明確にイメージできるようになるためには、どうすればよいのでしょうか。

まず大事なのは、この10項目はバラバラではなく、相互につながり合っているイメージをもつことです。「お客さんに喜んでもらうため、自分の強みを磨いて価値を生み出すこと」に没頭するうちに実力がついていって、いつのまにか10項目すべてにあてはまっていた、というのが「ネコからトラへのステージアップ」の実情ではないかと思われます。

さらに理解を深めるためには、働き方は4段階で進化を遂げるという「加減乗除の法則」が役に立ちます。

働き方には足し算・引き算・掛け算・割り算の4つのステージがあって、サラリーマンも自営業者も同じように仕事のスタイルを変えながら成長・進化する、という考え方です。それぞれのステージで大切になる働き方、そして仕事の報酬の違いについてみていきましょう。

「加」ステージ　選り好みせず、できることを増やす（夢中スイッチと量稽古）

人が新しく仕事を始めたとき、まずは足し算、「できることを増やす」ところからスタートします。ニガテなことでもキライなことでも、選り好みせず「できるまで」やってみる。この「できるまで」がポイントです。

新卒社員が、何もやってみないうちから「自分はこれがやりたい」とか「これが得意」と主張したとしても、実務で通用するような強みではないことが多いわけです。

向き不向きはやってみないとわかりません。「こんな仕事は自分には向いてない」と

働き方の4ステージ「加減乗除の法則」

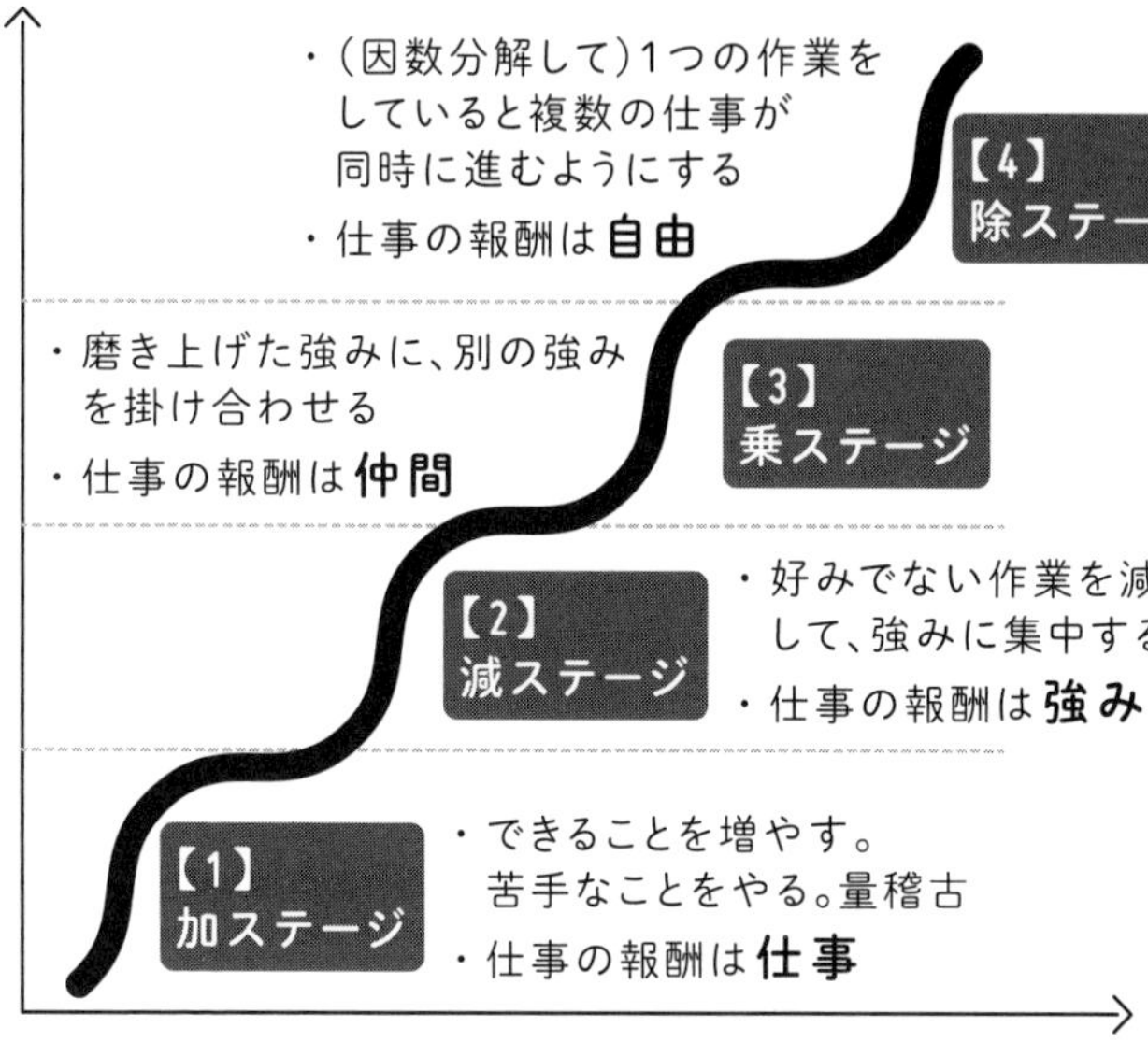
・(因数分解して)1つの作業をしていると複数の仕事が同時に進むようにする
・仕事の報酬は自由
【4】
除ステージ
・磨き上げた強みに、別の強みを掛け合わせる
・仕事の報酬は仲間
【3】
乗ステージ
【2】
減ステージ
・好みでない作業を減らして、強みに集中する
・仕事の報酬は強み
【1】
加ステージ
・できることを増やす。苦手なことをやる。量稽古
・仕事の報酬は仕事

思ったとしても、まずは言われたことをやり切ってみて、人並み以上にできるようになってから判断すればよいです。

「加」ステージにおける仕事の報酬は、「次の仕事」。同じ仕事でも繰り返せばうまくなるし、違う仕事に取り組めば、またできることが増えて能力アップします。内容は問わず、とにかく「量稽古」が大事なステージです。

いろんなことができるようになってくると、いつのまにかスイッチが入って、仕事に没頭しやすくなります。注目したいのは「やっているうちにスイッチが入る」という順番です。逆ではありません。最初はやる意味がわからなかった作業も、だんだん意味が見えてきます。最大のスイッチになるのは、お客さんからの「ありがとう」の声（魂のごちそう＝たまごち）です。

喜んでもらえる仕事ができるようになり、さらに喜んでもらおうと没頭することで、支持してくれるお客さんが増えていきます。一方で、できることが増えるにつれて仕事が増えて、いつしかキャパオーバーになります。

キャパオーバーの状況をなんとかしようと、効率化のための試行錯誤を始めます。もし、はみ出た分を100％のキャパ内で収められるようになったとしたら、そこには何らかの形で強みが発揮されているはず。

つまり、その人にとって「ホンモノの強み」が浮かび上がってきたことになります。それが次のステージに進むサインです。

「減」ステージ　得意でない仕事を手放し、強みに集中する（断捨離と専門化）

浮かび上がってきた強みを磨くために、「強みを発揮できない仕事」を減らしていくのが「減」ステージです。

「加」ステージでは、ニガテなことでも選り好みせず、できるようになるまでやり切ることが大切でした。そうするうちに、「人並み以上にできるようになったけれど、やっぱり好みではない作業」もわかってきます。それを手放すにはどうするか。

得意なことをやって、まわりに喜ばれるようになると、得意な仕事が集まってきやすくなります。さらに、まわりの人から、「あの人には得意な仕事をやらせておいたほうがみんなにメリットがあってハッピーなので、それ以外の仕事は引き取ってあげよう」と思ってもらえるまで強みを磨き上げていきます。

そうやって自他共に認める強みが確立して「強みの旗が立つ」こと自体が「減」ステージにおける仕事の報酬になります。

「乗」ステージ　強みと強みを掛け合わせる（独創と共創）

「強みの旗が立つ」と、「あなたの強みが必要だから一緒に組みませんか」というオファーがくるようになります。社内外を含めてプロジェクトベースで仕事ができるようになり、複数のプロジェクトに参加して仕事をするようになります。そこでいろいろな強みをもった人たちとチームをつくり、成果を生み出していきます（共創）。

また、「自分の強み同士」も複数掛け合わせていきます。それによって強みの希少性が高まり、「独創」的になるのです。「余人をもって代えがたい存在」になることで、さらに声のかかるプロジェクトが増えていくことにもつながります。

チームで働くようになる「乗」ステージにおける仕事の報酬は、プロジェクトを通して得られる「仲間」です。

「除」ステージ　仕事を因数分解して、ひとくくりにする（兼業と統業）

最後のステージの「除」とはどういうことか。「加」「減」「乗」と比べると、イメージしにくいかもしれません。

「乗」ステージで関わるプロジェクトが増えすぎると、どれも中途半端になってきてモヤモヤするようになります。その場合に、割り算のイメージで仕事を因数分解して、共通の要素でひと括りにするのです。「軸を定める」という表現もできます。

強み（得意なこと）でくくってもよいですし、理念（何のためにやるか）でくくることもできます。いずれにしても、すべての仕事に共通する要素でくくることで、「どこで何をしていても、すべてのプロジェクトを同時進行させられている状態」を生み出せるようになります。

言い換えると、くくれない仕事はやらないようにします。軸が定まったら、「それ以外はやらない」と割り切るのです。

兼業しているそれぞれの仕事が統合されていることから「統業」と呼んでいます（造語です）。その人の「個人ブランド」が確立した状態とも言えます。

「除」ステージでの仕事の報酬は「自由」。どこで何をしていても、全体として仕事をうまく進めることができるようになるという意味で、時間的・場所的にも、経済的・精神的にも自由度の高い働き方ができるようになるのです。

以上が、働き方の4つのステージ、「加減乗除の法則」です（詳しいことが気になる方は、拙著『組織にいながら、自由に働く。』（日本能率協会マネジメントセンター）を参照ください）。

「よくない加減」その1　加の量不足

加減乗除の4ステージのうち、「ネコからトラへの道のり」にとって重要になるのが、「加→減」のステップです。

ネコとトラの違いは「パフォーマンスの高さ」ですが、トラには「突出した個性」があります。その個性とは、第2章の「トラの働き方」のエピソードの数々からうかがえるように、「他者との違いを、突き抜けた強みまで磨き上げたこと」によるものです。

トラへの取材をしていると、例外なく、「加」と「減」をみっちりしっかりやってきたエピソードを聞くことができます。「よい加減」なくして、ネコからトラへの進化はないのです。

では、「よい加減」とはどういう感じなのでしょうか。

あるとき、フジノさんに「加減乗除の法則」を共有したことがあります。そうしたら、自身の過去の猛烈なエピソードを教えてくれました。フジノさんは、30代前半まで外資系金融機関でファンドマネジャーとして働いていた元サラリーマンです。どんな「加減」でしたか？

「僕の場合はね、〝減〟のステージを迎えるのが遅すぎて、〝加！　加！　加！〟って感じでした。とにかく異常な働き方をしていたんです。〝火曜日と木曜日は寝ない日〟と決めていたという」

ね、寝ない日?!

「完徹で仕事する日を週2回つくっていたんです。ずっと会社にいてずっと仕事をします。日中に調査をして、夜の間に分析してレポートを書く。当時秘書がついてくれていたんだけど、1人じゃもたないから、朝昼夜の3交代制で秘書が3人いたんです。

そんな働き方をしているとどうなるかっていうと、当然体が壊れるんです。3年ほど続けた結果、咳が止まらなくなって、喘息と診断されました。愕然としましたね。ものすごく敗北感がありました。でも、僕にとってはそれがよかったんです」

体を壊したのがよかった？

「体を壊して初めて、人のつらさを感じられるようになりましたから。それまでは『なんでみんな、すぐ疲れたって言うのかな。すぐに風邪ひいて休むし。怠け者なんじゃないか』と本気で思っていたので、まわりからするとすごく嫌な人間だったと思います。いまでも決してよい人間になれたとは思っていないけれど、自分が傷つく経験をしたことで、初めて働き方を見直せた。それで、仕事を増やすばかりの働き方をパタリと止めて、仕事を整理したのが33歳くらいの頃でした」

それがフジノさんにとって「加」から「減」への転機だったんですね。

「〝強制減〟だったかもしれない。失うことで大きなものを得られた実感はありますね。体力は有限であるという当たり前のことに気づけたから、いまがあるんだと思っています」

さて、フジノさんの話のなかで注目したいのは「加の重要性」です。

やっぱりライオン・トラの人（リーダー）は、やることをやり抜いてきたからこそいまがある、高いパフォーマンスを支える基礎がしっかりある、という部分です。

フジノさんのように体を壊すほどの「加のやりすぎ」は避けたいですが、もっとザンネンなパターンが「加の量不足」です。「強みを磨くことが大事」と聞くと、十分に「加」をやらずに、自分の得意なことだけをやろうとする人が少なくないのです。

「加の重要性」を彫刻にたとえるなら、石膏のかたまりを大きくつくるのが「加」、そこから削り出して「強み」というタイトルの彫刻を生み出すのが「減」です。

ホンモノの強みとは、粘土のように取ってつけられるものではなく、自分のなかにある資質を削り出して磨き上げるしかありません。「加」での量稽古が不十分だと石膏のかたまりが小さいままなので、削り出したものも小さすぎて他者から見たときに「強み」とは呼べないものになるわけです。

さらに「加の不足」には量の不足のほかに、もう1つザンネンなパターンがあります。質の不足です。具体的には「お客さん不在の加」。どういうことでしょう。

「よくない加減」その2　加の質不足

「加」で大事なのは、仕事の本質を体感することです。

仕事の本質とは、「他者に価値を提供して喜んでもらうこと」。つまり「お客さんからのありがとう（魂のごちそう＝たまごち）をたくさんもらう経験」を積むのが「質」の話になります。

「お客さんに喜んでもらうにはどうしたらよいか」を考え続けながら「加」をやっていく

うちに、「自分の資質をこう使うと喜んでもらいやすい」というパターンが見えてきます。そこをさらに試行錯誤しながら磨き込んでいくのが「減」なのです。そうやって「よい加減」をしていくと、いつしか「支持してくれるお客さん」が増えてきます。

支持してくれるお客さんの存在。これが「ネコからトラになるために不可欠な基盤」です。

なぜなら、この基盤によって「組織からの評価」を手放すことができるようになるからです。組織に所属していると、自分とはウマが合わない上司と一緒になる場合がありま す。自分が大事だと思う仕事（お客さんに喜んでもらえる仕事）をやっていても、まったく評価してもらえない。

そこで、「お客さんに評価されたいか、上司に評価されたいか」という選択を迫られる形になったとします。イヌであれば迷わず「上司の評価」を選ぶかもしれませんが、ネコとしては「お客さんの評価」を選びたい。その際、「支持してくれるお客さん」に囲まれている状況を生み出せていれば、不安なく「あの上司には評価されなくても仕方ないな」

と思いやすいわけです。

このように、「よい加減」の基盤になるのは「支持してくれるお客さん」なのです。ここを外すと、トラへの道は拓けません。


なお、この話をすると、「自分は大きな組織にいるので、お客さんと接する機会がない」という声が出ることがあります。ここでいう「お客さん」は「商品を買ってくれる人」よりも広く考えます。たとえば人事担当者の仕事は、社員がお客さんです。工場のライン担当者であれば、自分の持ち場の後工程はお客さんです。

そう考えると、大きな組織でもお客さんにフォーカスした「よい加減」はできます。それでも「やっぱり買ってくれるお客さんを相手にしたい」という人には、「副業」という選択肢があります。副業として小さな組織で、できれば「自分がつくった価値を、自分がお客さんに届けて、直接フィードバックをもらう」という一気通貫型の仕事をするのがおすすめです。

と言うと、「うちは副業禁止の会社だからできないんです」と言う人もいることでしょう。でも、最初からあきらめるのはもったいないです。ボランティアなど収入を得ない形であれば、「副業」として禁止されないことが多いはず。

また、お金をもらわない活動で一気通貫型の仕事をするメリットは、もう1つあります。「お金をもらっているから嫌なこともガマンしてやる」というクセがついていると、せっかくの副業が、有償であることによって「いつもの仕事」と同じく自己犠牲型になってしまいかねません。

その点、お金をもらわない活動であれば、「自分にとってはコストを感じない、得意なことだけで貢献しよう」と思いやすくなるわけです。つまり、純粋に強みを磨く「減」の経験値を積めることになります。

「強みの旗が立ったかどうか」の判断基準

「減」のゴールは、自他共に認める強みが確立して「強みの旗が立つ」ことです。

では、「強みの旗が立ったかどうか」はどうやって判断すればよいのでしょうか。

結論から言うと、「本を1冊分、書けるレベルかどうか」が1つの目安です。

本は、一冊だいたい10万字。「本1冊書けるレベル」と聞いたときに、本を書いたことがない人は「いけそう」と思いがちです。逆に書いたことがある人は「相当ハードル高い基準ですね」と言います（著者調べ）。そこの差は「10万字のリアリティがあるかないか」です。その点、ある書籍編集者さんから聞いた話があります。

「興味深い活動をしている方との出版企画が決まって、忙しい方の場合はインタビューを十数時間してライターさんがまとめる形でつくることがあります。でも、いざ文字にしていくと、途中から同じ話のループになってきて、本にならないケースがけっこうあるんです。5万字くらいのところに壁がある感じがします」

「5万字の壁」問題が現れました。この壁を乗り越える方法を考えてみましょう。

10万字を書いたことがない人でも、ブログなどで2000字くらいの文章を書いたことのある人は多いはず。

10万字を2000字で割ると、50記事です。

というわけで、「1つのテーマで、2000字分の記事のタイトルを50個書き出せるかどうか」が目安になります。書き出すことができれば、そのテーマについて十分なコンテンツをもっている証になるわけです。そうすれば、自他ともに認める「強みの旗が立っている状態」と言えるのです。

実際に、トラの方々への取材をしていると、2時間の予定が「もっと詳しく聞きたいんですけどいいですか?」となって、気づけば3時間、それでもまだ聞き足りないところがたくさんある、ということがたびたびありました。引き出しの数と深みがハンパないのです。

ちなみに、取材していて1つ思うのは、「よい加減」をやり抜いてきたトラの人って、力が抜けているというか、ゆるい感じというか、相談されてもニコッとしながら「やってみたらいいいんじゃないですか〜」「だいじょぶ、だいじょぶ」とか言う人が多くて、一般的な意味の「いい加減」に見える気もします。

「ネコからトラへの道のり」のお題として、50タイトル書き出し、よかったらやってみてください。

第5章

組織の変人が変革人材になる

――ネコ・トラの存在意義

「組織のトラ」の生態やトラへの道のりがわかってきたところで、もう一歩、深掘りしていきましょう。

所属する組織の視座から考えたとき、トラリーマンの存在意義とは何なのか。

ライオンにはできない、「トラだけができること」はあるのでしょうか。

結論から言えば、これです。

「変革人材」となる。

具体的にどういうことなのか、エピソードで見ていきましょう。

鉄道沿線を歩くエピソードで紹介したタケバヤシさん（大手電気機器メーカー所属）の持論で、事業の成長ステージを考えるための「起承転結モデル」というものがあります。

「起」の人と「転結」の人をつなぐ

「僕がよく言う〝起承転結モデル〟で事業の成長に応じて必要な人材を説明すると、〝起〟がゼロからイチを生み出す人。〝承〟はイチからグランドデザインを描ける人。〝転〟はn倍化する過程で戦略思考をもち、ＫＰＩ（Key Performance Indicator：重要業績評価指標）を設定してリスク管理できる人ですね。〝結〟は、１つの形としてまとまった事業をきっちりやり続けて改善してくれる人。

いまの日本の大企業で活躍している人のほとんどが〝転〟〝結〟の力を発揮している人です。ただ、その事業自体が賞味期限切れを起こしているので、もう一度〝起〟〝承〟に戻らないといけないのだけれど、みんなそれをやったことがないから戸惑っている。いまはそういう状況ですよね」

トラの「味覚」は、「意味という味」に対する感覚が鋭いです。「意味覚」とでも呼ぶことにしましょうか。特に、事業が賞味期限切れを起こしている状態を敏感に察知します。もう少し、タケバヤシさんに聞いてみました。

「〝転結〟の人は、イノベーションと言われても何していいかわからへんし、失敗は許されないという感覚が染みついているからなかなか挑戦もできないんです。

特に〝起〟は傍目から見ると〝何やっているかわからない人〟だし、遊んでいるようにしか見えない。〝転〟のマネジャーが一番嫌うタイプです。よくわからないし、コントロール不能だから。

〝起〟の人たちは、社内の〝カンパニー理論〟よりも〝コミュニティ理論〟で動くんです。会社の方針にはあまり興味がなくて、自分が属するコミュニティとか市場や学会のトレンドを追っている。〝世の中でこれが必要とされているから〟という動機で行動する。これに対して〝転〟人材は社内のロジックを重視するタイプだから、〝起〟人材との間にギャップが生まれる。

このギャップを埋めるのが〝承〟人材で、たとえばカンファレンスのような、学術的なイベントを仕掛けて〝起〟と〝転〟を同じ場所で出会わせるといいんです。

そういう場づくりはすごく効果的で、〝起〟人材はもはや大企業のなかにはほとんどいません。どちらかというと、ベンチャーや学生のような〝大企業の外側〟にいることが多い。外側にいる〝起〟人材にとっても、ヒト・モノ・カネの資産がある大企業と組めることは魅力的なので、お互いを補完する関係として出会う。お互いハッピーですよね」

なるほど、社外にいる「起」人材と社内にいる「転結」人材をつなげる「承」の役割を担うことで、賞味期限が切れた事業価値の再編集を促すわけですね。

「海外はみんなそういう発想で、大企業とベンチャーが共栄しています。〝承〟の機能として大事なのは、上位概念を加えて組織を再編していくことだと僕は思っているんです」

上位概念を加えると言いますと?

「僕がＥＭＳ（電子機器の受託生産を行うサービス）を提供する生産関連会社の立て直しを任されたときのことです。その会社は、基板の組み立てを請け負う会社だったんですが、社員は全員、自分たちのことを製造業だと思っていました。

僕もそうかと思っていたのですが、あらためて経済産業省の分類を確かめたら〝サービス業〟の欄に書いてある。たしかに社名のＥＭＳも〝エレクトリック・マニファクチャリング・サービス〟の略だ。でも、ピンと来ない。とりあえず3カ月くらい、社内の従業員やお客さんの様子を観察することにしました。

すると、製造ラインの見学に発注元のお客さんがたくさんいらっしゃることに気づいたんです。みなさん、うちの組み立てのプロセスをわざわざ見に来られている。これはどういうことなのかと考えたら、お客さんが買ってくださっているのは、モノではなく組み立てのプロセスなのだと気づいたんです。

見学しながら手にもっているチェックリストにどういう項目があるのか、頼んで見せていただいたら、日頃、自分たちが気をつけているのとは違うポイントを重視していることがわかったんです。『お客さんが丸をたくさんつけて帰ってくださるような工場にしよう』

と社員に話しました」

「お客さんが買ってくれている価値」を問い直したんですね。

「そうです。それで、『僕たちは製造業じゃない、サービス業だ』と理解して、『だったら旅館を目指そう』と決めたんです。来ていただいたお客さんには一人ひとり、心を込めて挨拶をして、心地よくすごしていただく。

社長である私は旅館でいう〝女将〟役ですから、もちろん率先して挨拶をしました。天井の片隅にあった雨漏りのシミも直しました。『伊勢海老が美味しかったとしても、挨拶もせん、部屋の天井にシミがある旅館には、泊まりたくないやろ』と社員に説明して」

わかりやすいです。

「そうやっていると、すごいことが起き始めたんですよ。忘れもしません、2年目の6月のことです。受付から社長室に内線がかかってきて、『今日のお客さんは何人いらっしゃいますか』と聞かれたので、『3人ですよ。いらっしゃったら挨拶に行きますから呼んでください』と答えたんですね。いつもは聞かれないのに変だなと思ったら、玄関にスリッパを人数分、並べてくれていたんです。『旅館ならこうすると思ってしまいました』と。感動しました。

さっそく翌日の朝礼でみんなに伝えると、だんだん花が生けられたり、手書きのウェルカムボードが置かれたり。そのうち来客用トイレまで整いました。お客さんも『高級旅館に来たみたいです』と喜んでくださっていたんですが、嘘みたいなホントの話、そのスリッパが並び始めた月から単月黒字化したんです」

すごい。自分で工夫できるようになったら、仕事は楽しくなりますね。

「そのうち画期的なサービスの仕組みを考えるスタッフまで現れて、会社の業績はどんどん上向きました。僕がやったことは、『うちはサービス業だ。旅館のようなサービスを目指そう』と〝軸〟を示しただけ。

それと、社員全員とランチをして話を聞くと『自分たちが提供している部品が何に使われているか知らない』という社員が結構いたんです。その地域でもよく使われている農機具の重要な部品であることを説明したり、それがメディアに紹介されている記事も見せたりして、『自分たちの仕事は、社会にとってこういう価値を生んでいる』と実感できる情報は伝えるようにしました。たったそれだけなのですが、やっぱりこういう働きかけが大事なのだなと思いました」

メンバーに「自分の仕事の意味」を知ってもらうことで、個人のモチベーションにもつながるし、組織の数字にも現れてきたと。まさに「意味覚」のなせるワザではないでしょうか。

賞味期限が切れた価値・組織の再編集をする

もう少し考えてみると、「事業の賞味期限が切れている」ということは、「組織形態の賞味期限も切れている」のではないでしょうか。タケバヤシさんに聞いてみると……

「もう1つ、この時期に僕がやっていた習慣がありました。まず、社長に就任したその日から、毎朝30分かけて敷地内を回って社員に『おはよう』と言って回ったんです。もともと挨拶というのは禅の言葉で、目上の人が下の人の様子をうかがうためにかける言葉なんですね。挨拶を通じて『この人、今日は大丈夫かな』と。続けていくうちに、社内の雰囲気は変わっていったと思います」

メンバーからすると、上司の機嫌がいいかわからないのに自分から挨拶するって、リスキーですよね。だから、上司から挨拶してくれるほうが、いわゆる心理的安全性は高まりそうです。

「間違いないですね。あと、敷地を歩きながら、目についたゴミを拾って集めることもやっていました。〝清掃徹底〟と通達を回すよりも、『これ全部、社長が拾いました』と積まれたゴミを見せるほうが、効果はあるでしょう。軸を示して、挨拶して、ゴミを拾う。これが僕の役割でした」

もうちょっと聞かせてください。そのときからさらに進化した、会社組織におけるタケバヤシさんのいまのポジションはどういう感じでしょうか?

「感覚としては幽体離脱です。体は会社に置いておきながら、心は外から体を含めた全体を眺めている。物理的に出社しつつ、視点は外から会社を見る。外から会社を見ると、かえって会社のよさがわかるんですよ。

会社のなかに閉じこもっていると、『うちの会社が勝つためには』という視点に偏りがちですが、外から全体を俯瞰しつつ考えると、自社が社会から求められている価値を踏まえたアイデアが湧くんです」

同業で競い合っている場合じゃないよね、と気づいたり？

「まさにそうです。『小さいパイを奪い合わず、広げていこうよ』という考え方に変わるんです。共創や協調を起こしやすいのが、このステージなんだと思います」

いま、目の前の仕事を楽しむために、誰でもできることはありますか？

「僕みたいに歩くのがオススメですよ。社内を歩き回って、挨拶してみるのでもいい。要は、自分の足を使って目や耳で情報を獲得するフィジカル体験というのかな。やっぱり自分で動かないと見えないことはたくさんあるし、そこから仕事は大きく変わっていったという実体験があります」

ライオンのように組織の頂点から俯瞰するだけではなく、頂点にも行けば現場にも行ってみるし、組織から離れて外側からも眺めてみるのが、トラの見方（視座・視野・視点）です。そこから得た気づきをもとに、賞味期限が切れた価値の再編集、組織の再編集をする役割を担うことになるのです。

立ち上げて、手放す

「トラが変革人材となる」という点について、ほかの人のエピソードも見ていきましょう。

20年来の友人で、大手電機・エンタメ企業に所属するトムラさん。1年ぶりくらいに会うと、いつも仕事や部署が変わっていて何をしているかわかりにくい人です。

トムラさんの仕事スタイルは、「立ち上げて、手放す」の繰り返しだと言います。まさに「起」の人。プロジェクトの立ち上げは、たいてい1人からスタートするそうです。

「最初は『ちょっと考えてみて』と言われる形から始まることが多いです。そのときはいつも1人ですね。自分のなかでは方程式を立てるような作業だと思っていて、XYZという条件があるときに、それをどんな方程式に組み立てるとみんなにとって有意義なものになるかを考えます」

価値を生み出す組み合わせをつくる役割ですね。

「そうです。しかも、その方程式を導き出すためにできるだけ小さく回していきます。会社にとってそれほど大きな失敗にならない程度で試してみて、『大丈夫そうだね。確かにこの方程式、成り立つね』という反応を得られて初めて、人をつけてもらったり、よりインパクトを生むようなターゲットをつくらせてもらったりする。この順序を大事にしています。で、本格的に盛り上がってきたときには、私はもうそこにはいない」

もう次のプロジェクトへ行っちゃってるからですか？

「そうです。なんとなく〝会社の潮流〟のなかで運ばれていくんですよね。手元の仕事がだいたい仕上がってきたなと思った頃に、決まって『こういうお題がうっすらとあるんだけど』と召喚されて。どうなるかわからないけれどチャレンジさせる、という〝期待値の余白〟が多い組織であることがうちの会社の魅力でもあるなと思います」。

社内のいろんな人から声がかかる感じですか？

「部署を超えて社内からいろんな相談は受けますね。担当領域から離れている分野なのに『これってどうにかできないかな？』と技術のプロトタイプをもってこられたり、手ぶらのアイデアレベルの相談だったり、まちまちですけど。

それに対応しているうちに、私がこういう人だというのが徐々に伝わるみたいで、またつながる人が増えていくような。それが結果的に〝呼ばれるキャリア〟につながっているのかもしれません」

手を挙げて異動希望をするわけではないのに、「起」の役割が回ってくるのがトムラさんはじめ、「組織のトラ」のキャリアっぽいです。

トムラさんのSNSを見ていると、あるときは仕事でコミケ（コミックマーケット）に行っていると思ったら、またあるときはサッカーワールドカップのアフリカ大会に行ったりしています。いつも現地に長めに行っていることが多い気がします。

「できるだけ参加者やお客様の反応は直接見たいというスタンスです。コミケの件は、異動先で急かされることがなかったので、まず現場で仲間に入るところから時間をかけることができました。

幕張メッセや国際展示場でコミケのイベントがあれば手伝いに行ってビラ配りを一緒に

やったり、長蛇の列の警備ではお客様から怒鳴られたり。配信ビジネスを組み立てる前段階の準備として、『まず体感しなさい』というメッセージなのだと理解していました。

アフリカワールドカップの場合は2週間くらい地方をキャラバンして、HIV／エイズ対策の啓発活動としてのパブリックビューイングが成功して、現地のNGOに引き継がれるまでを見届けて帰国しました」

トムラさんの「1人で始める」というスタンスは、すでにある部署に異動するのではなく、兼務のまま立ち上げプロジェクトが始まって、軌道に乗ると部署ができるという感じでしょうか。「トラあるある」なのですが。

「そうです、そうです。もしうまくいかなかったとしても、私だけのリスクで終わるんですよね。うまくいけば、会社がより大きなリソースで始める。いつも月面着陸のような気分で、未踏の地を踏むスリリングさと楽しさとで、自分を鼓舞しながらやっています。だからといって、最初から大きなリソースをもらっちゃうと、それはそれで大変だと思う」

失敗しにくくなっちゃいますよね。

「そうそう。スモールスタートして、ある程度形が見えてきたら慎重に急ぐ感覚でやっています。会社の方針とか戦略、仲間のコミット度も含めて、いろんな条件設定があるなかで、その時々の風景に適応しながら動く。与えられた抽象的なお題に対して、〝問題を設定して解きに行く〟という感覚が近いです。

ありがたいことにいまのところ、私が提示した答えに対して『とんでもないこと考えやがって！』と反発されることはなかったです。担当者として引き継いでくれた人も納得して進めてくれています」

それをやるときのコツってありますか？

「もしかしたら、私のなかで組織に適合する条件をはかっているのかもしれないです。もし、その判断が組織の基準からはみ出るようなら起業しているはず。それに加えて、所属している会社が突飛なことも受け入れる土壌であることも大きいですね」

自社の価値観を深く理解しているからこそ、自ら手掛けた「起承」から「転結」メンバーへのバトンリレーもスムーズにいくのでしょう。

既存事業ではできないことをやる

「組織のトラ」が新しい事業を生み出すことは、所属先の組織にとってどんな意味合いがあるのでしょうか。

100人の革新者と会ってネットワークをつくったエピソードを紹介したサイトウさん（大手シンクタンク所属）は、こう言います。

「うちのシンクタンクの2大事業柱はコンサルティングとソリューションですが、僕のチームはそのどちらともちょっと違った役割をもっています。うちらしいブランド発信を、この2大事業ではできない角度から仕掛けていくことだと自分では理解しています。

100人の革新者を3年以上もかけて開拓することや、そのイノベーションのエッセンスを地方創生の現場に活かしてゼロからイチの新事業を生み出すといったことは、手間がかかり儲けもない事業ですので、通常の事業ラインでは無理です。しかし、うちの会社の存在価値を社会に示すうえでこうした挑戦は必要だと思っています」

基幹事業だと採算が合わない活動だけど、コストセンターというわけでもない？

「はい。慈善事業ではなく、CSR活動でもありません。地方でイノベーション・プログラムを実践するときは、その運営費を地方の金融機関や事業会社、行政から調達していきます。ただし正規のコンサルティング料金とは違う考え方です。不足する資金は、うちもその地方創生に対するイチ協力者として主に労働によって負担しています」

どの地域も同じ構成ですか？

「建て付けはそれぞれに違います。最初にイノベーション・プログラムを開始した十勝では、3つの金融機関がスポンサーとなって実現にこぎつけました。このやり方は他地域でもできると思い、沖縄でも同様の話し合いを進めましたが、結局ダメでした。よく〝水平展開〟とか〝横展開〟と言われますが、実際にはそれぞれの地域で建て付け方が違います」

共創型の仕事って、人と人が意気投合して初めてうまく回り始めるものなので、「誰とやるか」でやり方は変わりますよね。熱量が低い人と組んでも全然うまくいかないものだと思います。

「その通りです。沖縄では十勝の方式が通用しなかったので、僕は半ば諦めかけていたのですが、諦めない人間がいました。彼は僕に『一緒に事業会社を外交に回ってください。沖縄のためにやるこのプロジェクトにお金と人をみんなで出していただくよう、信頼できる社長たちにお願いに回りたいです』と言い出しました。
まわりからは『地元の中小企業から資金を集めるなんてできるのか？　むしろ補助金をもらうことを考えている会社が多いんじゃないのか？』『沖縄には国から多額の補助金が流れているし、それを活用したほうが早いんじゃないか？』といった声が聞こえるなか、何十社もの企業を回りました。そして18社から次世代経営者の参加と運営費を集めることができました」

基幹事業の枠組みでは非効率かつイレギュラーすぎて取り組みにくいけれど、会社にとって社会的意義をもつ活動を持続可能な事業としてつくり出す。組織からみると、トラにはそういう存在意義があるようです。

基幹事業のしがらみから自由に動く

基幹事業ではできないことをやる、というパターンにもいろいろあります。センシュアス指標をつくったエピソードを紹介したマンジョウさん（不動産大手の企業内シンクタンク所属）は、「自社の基幹事業に対するアンチテーゼ」のパターンについて話してくれました。既存のクライアントと摩擦が生じる場合のことです。

「住宅市場って少し変わるだけで、世の中の暮らしの風景が大きく変わります。なので、やっぱり建築や不動産に関わる業界全体、引いては都市全体が少しでもよくなって、みんなが幸せに暮らせるようになるための問題提起をしていきたいという思いはあります」。

問題提起と言いますと？

「2008年に出した〝中古住宅流通の活性化〟の提言レポートなんかは象徴的で、当時はまだ〝新築信仰〟が圧倒的で中古住宅の流通量は少ないなか、国や学者がいろんな議論をしていましたが、自分が1人の消費者としてどうもピンと来ない。そこで消費者目線を徹底して〝リノベーション〟を提案しました。中古住宅の流通が活発な欧米先進国のように、日本も中古住宅をリノベーションして活用する社会を目指すべきだと。

でもそれはある意味で、新築市場に対する異議申し立てなので、業界からの反発も予想されました。しかし当時の事業部トップからは『現場にはまだ理解されないと思うけれど、いずれ市場の流れはこっちに変わっていく。あなたの組織は治外法権的な場所だから、そこから発信してほしい』と言われました。

中古住宅のリノベーション市場にいますぐあからさまに肩入れすると、既存のクライアントと摩擦が起こる。しかし、いずれ中古リノベーション市場が育っていくことは目に見えている。だから、『あなたのところでは真正面から取り組んで、業界のつながりもつくっておいて』という役割を振られたと理解しました。

それでレポートを書くために、これまでまったく接点のなかった設計事務所やリノベーション住宅系の不動産会社に通うようになったんですが、個別に話を聞いてみると、みんな同じ問題意識をもっていることがわかって。『つながりもってます?』と聞いたら、『つながってない』ということで、『だったら、つなぎましょうか』と連絡会議的な場をつくったんです。この頃から、トップが『マンジョウは勝手に動いていいよ』と言ってくれていました」

社外コミュニティのハブとして活動するには、自由裁量が重要になりますね。その自由を認められるには、自社の存在意義や価値観を深く理解していることが求められるのでは?

「信念をもって仕事を進めるときには、『社会ってこうあるべきだよね』という哲学が必要になってくるじゃないですか。売れれば何でもいい、じゃない。そういう哲学って、毎日売上をつくることだけに徹している人はもちにくいかもしれないですよね。

目の前の個々のクライアントに最適化するという役割も大事なんだけど、それだけで突き進んでしまうと、ふと世の中全体を見渡したときに『このやり方でよかったんだっけ?』と立ち止まるときがくる。〝社命より使命〟というとカッコよすぎるけれど、自分の価値観と会社のなかで担う役割をすり合わせていくことはずっと大事にしてきたなと思います」

こうして「組織のトラ」は、基幹事業の賞味期限が切れる将来を見据えながら、その当事者ではできない「変革」をじわじわと進めていっているのです。

地道に種を蒔く

「変革人材」というとカッコよく聞こえるかもしれません。しかし、日々やっていることはとっても地味だったりします。種を蒔いて、育てて、でも収穫の時期にはもう引き継いで、別のところで種を蒔いていたりするわけです。

「トラ的な働き方はまわりに理解されにくい部分も多くないですか?」と聞いたら、ワタナベさん（G1サミット立ち上げ人）がこう話してくれました。

「種を蒔いているうちは絶対にほめられません。あらかじめKPI設定されたうえでの種蒔きならまだ承認されるけれど、KPIさえない世界では『何やっているのか不明』だし、評価しようもない。収穫できるまではほめられない。それなのに、〝種蒔き中だとしても承認されたいタイプの人たち〟から『自由でいいよね』って言われると、『そうじゃないんですけど』と反論したくなります」

種蒔きの時期って、とにかくお客さんから「ありがとう」と言ってもらえることでエネルギーをもらうしかないですよね。

「わかります。『いまやっていることは、絶対に世の中の役に立つはず』と信じて、誰がなんと言おうと種を蒔き続ける」

さらに言うと、収穫できたかどうかも伝わりにくくないですか？

「自分では豊作のつもりでも、『何それ、食べられるの？』って敬遠されたり、『なんで雑草育ててるの？』と不思議がられたりしますよね」

ああ、わかる気がします。「いや、これ雑草じゃなくて良質なイグサです。丈夫な畳がつくれます」と言っても、「こっちは米つくるのに忙しいのに、なんで食べられないものをつくってるんだ！」と怒られる、みたいな。こちらとしては、会社が理念として「日本文化を豊かに」と謳っているからやったのに、という感じではないですか？

「そうです、そうです。その感覚がわかってくれる人がいて、うれしいです」

トラの仕事は、視座の高い経営者からは「短期的なＫＰＩのためではなく、長期的な成果のためにやる価値がある」と理解してもらえます。ただ、長期的なだけに数値化・指標化されていないため、まわりの同僚からは浮くという構図が生まれがちなのがもどかしいところです。

「組織のトラ」の存在意義まとめ

「賞味期限が切れた事業」を察知して、賞味期限の先延ばしではなく、新たな価値を生み出すために事業や組織を再編集していきます。身軽なスタイルで、価値を受け取るお客さんを現場で観察し、地道に種を蒔きながら、哲学をもって組織内外の起承転結人材をつないでいく――。

こうして成熟期を迎えた（または衰退期に入ってしまった）事業や組織に「新しい流れ」を生

み出していくのが「変革人材」ということの意味合いです。

しかし、事業ステージが成熟期以降の大きくなった組織では、なかなか生きづらくなるのがトラの宿命です。そこで次の章では「トラが生きやすい環境づくりの条件」について考えていきたいと思います。

第6章

自律型の組織をつくる

――ネコ・トラの活かし方

ここまで、「組織のトラが自由に働くと会社が儲かる理由」を考えてきました。

ただ、「そうか、ではネコ・トラが活躍できる組織にしよう！」と思っても、これまで「組織で働くとはイヌ型の活動である」という価値観で長らく運営してきたベースがあると、一朝一夕にはうまくいきません。

言い換えると、イヌが活躍しやすい組織の風土や仕事の進め方は、ネコ・トラにとって居心地がよくない環境だったり働きづらいやり方だったりするわけです。

そこでこの最終章では、一見「飼いならしにくそう」なネコ・トラを活かすためにはどんな組織をつくっていけばよいかを「会社側の視座」から考えてみます。

なお、この「ネコ・トラが生きやすい環境づくり」は、単に「ネコ・トラの存在を認めてあげよう」ということだけにとどまるものではありません。

実はぼくの探究テーマの1つが「組織づくり・チームづくり」なのですが、そこで昨今よく話題になるのが「メンバーが自分たちで考えて動く、自律型の組織・チーム」です。

この点、ネコ・トラの活かし方を考え、実装していくことは、「自律型組織をつくる」ことにほかならないのです。

どういうことでしょうか。

まずは、よく聞かれる「ネコ・トラに対するギモン」についてQ&A形式で整理しながらひも解いていきたいと思います。

組織のネコ・トラに対する「ギモンあるある」

Q　自由に働くネコ・トラが増えすぎると組織が成り立たないのでは？

A　たしかに、イヌ派の人からすると当然の感覚だと思います。
でも、このページまでたどり着いた読者の方であれば、「ああ、〝自由〟のとらえ方にちょっと誤解があるな」と気づかれることでしょう。「自由とは、わがまま放題好き勝手やることではない」という話はすでに述べたとおりです。

改めて、「自由」を「自分で考えて動く」に置き換えて問いを表現し直してみましょう。

「自分で考えて動くメンバーが増えすぎると組織が成り立たないのでは？」

この問い、ヘンですよね。

なので、組織のネコ・トラが増えても大丈夫。組織は崩壊しません。ただし、自律型の組織が機能するためには「お互いの意見を建設的にすり合わせる仕事の進め方」がキモになるので、これまでの「指示命令をベースとした組織運営のやり方」のままだとうまくいき始めません。

次はダブル質問です。

Q　組織に忠実ではない自由人は、不真面目では？

Q　ネコ・トラだけ自由にやるのは不公平で、ずるいのでは？

A　あるとき、フジノさん（トラリーマンの名付け親）からこんな話を聞きました。

「僕の好きな言葉に〝真面目《まじめ》〟という言葉があるんですね。真面目という言葉ほど、本来の意味でとらえられていない言葉はないんじゃないかと思っていて。真面目とは「真《しん》の面《めん》目《ぼく》」。面目とは face のことだから、真面目とはつまり〝real face〟なんですよ。その人がその人らしくある状態が真面目。

さらに言うと、〝真面目《しんめんもく》〟という言い方があって、中国の宋の時代の詩人が残した詩、『柳は緑、花は紅、真面目』が好きなんです。すなわち、柳は緑色に揺れ、花は紅く咲くように、それぞれがそれぞれらしくあればいいと。

だから、会社から不正をしなさいと言われたときに従うのは真面目じゃない。『間違ったことはやりたくありません』と信念をもって行動できるのが真面目な人。結果的に、組織も生き長らえさせる。

こういう真面目な人が、いまの日本には不足してしまっているのかもしれないと僕は危機感を抱いているのですが、『真面目に働ける人材』として期待できるのがトラ・ネコなんです。だから、自由な人とは、イコール、真面目な人だと僕は思っていますね。自由で真面目な人の行動として共通するのは、お客さんを大事にしているという点じゃないですか」

フジノさんの定義で「真面目」を考えると、イヌ・ネコ・トラ・ライオンみんなそれぞれに自分のスタイルで活躍できるのがよいので、「不公平だからずるい」とも言えないことになります。「公平」とは、みんな同じに揃えることではなく、みんな自分スタイルでできるようにすることだと考えるわけです。

もしかすると、「イヌの皮をかぶったネコ」な人ほど、ネコ・トラに対してモヤモヤを感じやすいのかもしれません。「自分はガマンしているのに、アイツだけずるい」と。もしイヌだったら、言われたことをやるのに別にガマンはしていないので。

そう考えると、「隠れネコ」は思った以上にたくさんいるのかも？

という流れからの、次の質問。

Q うちの会社にネコ・トラはいないと思うのですが？

A トムラさん（大手電機・エンタメ企業所属）がこう言っていました。

「私自身がいまの環境を心地よいと思えているのは、社内が興味関心ベースでつながって気兼ねなく話せる空気があるからです。さらに心強いのは、最近入ってくる若い方々はそれをデフォルトで備えているということです」

そんな傾向、顕著にありますか？

「あります。組織のヒエラルキーは、自分の立ち位置を成り立たせるためのルールとして理解はしているけれど、そこにまったく依存はしていない。最近入社してくる若者の行動を見ていると頼もしいですよ。全然臆せず『話を聞かせてください』『こんな事を考えてるんです』と連絡をくれたり。組織にしばられず、固定概念にとらわれず、つねに流転している感覚で。彼らが次の世代を担っていくんだなと頼もしく思ってます」

もしかすると「うちにネコはいない」と感じる人の会社は、そういうタイプの若者が息をひそめてイヌの皮をかぶっている状況なだけかもしれません。なお、そんな組織だとトラは去って行くので、「うちの会社にトラはいない」という認識は合っているかと思われます。

すると聞かれるのが次の質問。

Q どういう評価制度にすればよいですか？

A マンジョウさん（不動産大手の企業内シンクタンク所属）がこう言っていました。

「トラの仕事って、会社の利益構造をツリー状で表したときに、確実にツリーの外側に分岐して配置される存在じゃないですか。

今日明日の営業に直結するわけではないから、企業全体への貢献度を測定するのがすごく難しい仕事だなと感じることは多いんですよね。業界でのプレゼンスを上げることで間接的に顧客開拓につながっているという自負はあっても、客観的な価値評価がしづらい役割だなというジレンマがある。理系のメーカーだと基礎研究の価値を認める文化があるけれど、僕の場合は業界や市場での評判に頼らざるをえない。

これだけはやめてほしいなと思うのは、深く考えていない経営陣が『これからはトラ奨励の時代だ』とか言い出して、拙速に制度化して評価し始めること。ハンドルの遊びみたいな領域にトラは生息する。中長期の視野をもたない上司が杓子定規に評価するというのが一番ダメだと思います」

というわけで、トラが圧倒的マイノリティな段階では、最低限として「短期的・直接的な利益貢献度だけで評価しない」「すぐ制度化しようとしない」といったところでしょうか。

さて、このように「ネコ・トラへのギモン」は相互理解の不足による誤解が原因になっているものが多くあります。要は、まだまだ「変わり者で、よくわからない存在」。

そこで、ここからはトラのみなさんに聞いた話を整理する形で進めてみましょう。

取材をしたトラのなかには、「元トラリーマン」で現在は「トラ経営者」という人も交じっています。たとえばクラヌキさんは、社内ベンチャーとして立ち上げた新規事業を自ら買い取る形（ＭＢＯ）で社長になりました。ツヅクさんは、第2章で県庁職員として紹介しましたが、実はその後、地元から請われて市長選に出馬・当選し、「トラ市長」となりました。

そんなトラ経営者・トラ市長がつくる組織は、明らかにネコ・トラがのびのび活躍できる環境になっているので、自律型組織のヒントが満載です。

どちらかというと「やっていること」より、「やらないようにしていること」のほうが大事かもしれません。具体的なやり方はそれぞれですが、やらないことは共通しているからです。

現役トラリーマンからも「こんなことはしないでほしい」という声が多かったので、「やってはいけない9箇条」としてまとめてみました。

「ネコ・トラが生息しやすい環境のつくり方」――やってはいけない9箇条

1 集団行動を過度に求めない

みんなで同じ行動をする「集団行動」がニガテです。

呼ばないなくてもよい定例会議のメンバーにはしないでください。必要だと感じれば、呼ばなくても会議に現れます。情報共有なら、アップしておいてもらえたら見ます。

派閥に取り込もうとしないでください。自分の基準を大事に判断して動きますので、取り込んだと思っても、そのうち「なぜ裏切るんだ！」のようになったらお互い困るので。

「浮くこと」や「出る杭」を許す風土が好みです。自律型組織として著名な会社に所属する友人がこう言っていました。

【ネコ・トラが生息しやすい環境のつくり方】

――やってはいけない9箇条

① 集団行動を過度に求めない

② 指示（正解一択）型ルールでしばらない

③ ホウレンソウを過度に求めない

④ アイデアの採否を多数決で決めない

⑤ 短期的・直接的貢献だけで評価しない

⑥ 同調圧力をかけない

⑦ 安易に競争させない、
金銭的報酬や地位でつろうとしない

⑧ 副業を禁止しない

⑨ 孤立させない

「出る杭を打つ社会から、出る杭に心打たれる社会へ」

出る杭に心打たれる。めちゃめちゃお気に入りの言葉です。

2 指示（正解一択）型ルールでしばらない

「必ず指定の方法でやってください」といった決まりごと（指示型ルール）を必要以上につくらないでください。「そのやり方じゃなくて、こっちのほうがよくない？」「決まりですからダメです」というやり取りが多くなって、消耗します。

「この範囲内であれば自由です」というOBライン型ルールを好みます。

とくに、「理念」「お客さんへの提供価値」「行動規範」が明確になっていると、「何をしたらよいか」「何をしてはいけないか」を判断しやすいので、周囲とのあつれきを生むことなく自在に動きやすくなります。

3 ホウレンソウを過度に求めない

社外の人と「こんなことできそうですね」「やりましょう」と、その場の流れと勢い重視で仕事を進めるのが好みです。「社に持ち帰って検討します」と言わなくて済む状況をいかにつくれるかを熟慮します。必要以上にホウレンソウを求めたり、「聞いてないんだけど」の一言でストップをかけたりしないでください。

「ホウレンソウを過度に求めない」のと、「放置すればよい」のは違います。ネコ・トラは現場や組織外をウロウロして、一次情報をもっています。でも、忙しそうにしている人に、ネコ・トラが自分から「聞いてくださいよ」とは言ってきません。そうやって話さないままだと、せっかくの一次情報がもったいないです。

トラ経営者のクラヌキさんは「ホウレンソウからザッソウへ」と提唱しています。報告・連絡は、不要。なぜなら「情報は原則オープン」として共有ルールを決めておけば、アップしてあるものを見に行けばよいだけだから。

大事なのは「雑談と相談（ザッソウ）」。雑談しながら「そういえばあの件なんですけど……」と軽く相談しやすい環境があると、組織の生産性が上がるという考え方です（詳しいことが気になる方は、クラヌキさんの著書『ザッソウ』（日本能率協会マネジメントセンター）を参照ください）。

ちなみに、よく「雑談が大事」と言われますが、雑談してるだけだと生産性は上がりません。雑談が大事なのは「相談しやすい状況をつくる」ことが大きな目的なのです。

というわけで、ネコ・トラには「ザッソウしない？」「最近どう？」と声をかけてあげてください。職場で「いま、ザッソウいいですか？」という表現を共通言語にできると、組織の自律度が飛躍的にアップするのでおすすめです。

4　アイデアの採否を多数決で決めない

たいていマイノリティ（とくにトラは圧倒的少数派）なので、「これをやりたい」というアイデアの採否を多数決で決められると、ほぼ「やめておこう」となります。しかも、その理由が「前例がない」「何か問題が起こる可能性もある」「失敗したらどうするのか」という消極的なものだと、何もできなくなってしまいます。

基本的な意思決定の仕組みとして、「これをやりたい」というアイデアに対して「それは困る」「具体的にこんな支障がある」といった異議を受け付けるようにします。そのうえで、たとえば「48時間以内に異議がなければ進めて構わない」、異議があれば「ではどうすれば進められるか、絶対に譲れないラインを明確にしてすり合わせする」ようにします。こうして、むやみにチャレンジを止めない環境をつくってあげると、成果を出すために尽力します。

なお、もっとも喜ぶのは、「責任はこっちでもつから自由にやってみろ」の一言です。

5 短期的・直接的貢献だけで評価しない

なんでもすぐにＫＰＩを設定しようとしないでください。ＫＰＩになっていない「名もなき仕事」を認めてあげてください。

そもそもKPIというのは、「こうすればうまくいく」という正解がわかっている仕事について、進捗状況を把握するための指標です。初めてやることに試行錯誤しながらチャレンジする仕事にはそぐわないはず。

「種蒔き仕事」や「風吹かせ仕事」を認めてあげてください。

ネコ・トラは「2年後のための種蒔き仕事」をやりたがります。「いまの収穫があるのは、2年前に蒔いた種が実った成果だな」と思いながら働いています。

しかも、種が芽を出し、収穫できるようになった頃には、すでに違う場所で種を蒔いているので、収穫の手柄はほかの人に渡る場合が多いです。「風が吹けば桶屋が儲かる」のことわざでいうと、桶屋が儲かったときに「風を起こす仕事をした人」がいたとしても因果が遠すぎて評価されないのと同じ感じです。

そんな直接的な因果関係のわからない「風吹かせ仕事」も尊重してもらえる環境だと、喜んで汗をかく仕事を引き受けます。

6 同調圧力をかけない

指示に従わせようとする際は、同調圧力をかけないでください。「なんのためにやるんですか?」と聞かれたら、「上からの指示だから」「みんなやるんだから」「言わなくてもわかるだろう」で切り上げないでください。同調圧力でコントロールしようとすると、頑として動かなくなります。

ネコ・トラは納得いくまで話せる風土を好みます。納得いかないことは1ミリもやろうとしないし、納得できたことは放っておいても夢中でやって、多少の困難があっても工夫して乗り切ります。

7 安易に競争させない、金銭的報酬や地位でつろうとしない

よく新サービスの立ち上げ時に、「社員紹介キャンペーン」のようにして販促件数を競わせ、上位者に賞金や賞品を与える社内イベントが行われることがあります。何か景品が

かかると俄然やる気を出すタイプの人たちもいますが、ネコ・トラは前項と同様、意味や価値を納得できれば放っておいてもやりますし、「会社の都合だけでしょ」と感じたらやる気になりません。

報酬や地位のようなニンジンをぶら下げられると、「そんなことのために仕事をしているのではない」という矜持から、逆にやる気がなくなることがあります。

「このサービスでいくら利益を出す計画か」よりも、「このサービスを使ったお客さんがどうハッピーになるのか」を熱量高く語ってあげてください。

8 副業を禁止しない

副業禁止の理由で、「時間管理ができず本業のパフォーマンスに支障が出るおそれがある」というのがあります。これは「加減乗除」でいうと、「加」ステージでまだ自分で考えられず指示命令でしか動けない人、まだセルフマネジメントができていない人を想定したものです。

「加の副業」と「乗の複業」は区別することが大事です。「乗」ステージになると、社内外から「一緒にやりませんか」という声がかかるようになるし、複業先で得た知見を本業に活かす（掛け合わせる）こともできる力量があります。

これを「セルフマネジメントできない人がお小遣い稼ぎに熱中するあまり業務に支障が出るケース」と同じく「禁止」するようだと、過剰に自由度を下げることになってしまいます。

ちなみに、トラは副業禁止の会社に所属していても、お金のやりとりが発生しないボランティアの形でＮＰＯ活動をしたり、スタートアップを手伝ったりして、自分の強みを活かして世の中の役に立つことをやっていることが多いです。

なお、トラにとっては金銭的報酬よりも自由のほうが報酬としての価値が高くなるので、自由を与えたうえで、金銭的に不足があれば複業でカバーしてもらうほうがお互いにメリットがあります。

また、4章で述べたように、「加」ステージの人であっても「一気通貫型の働き方」の経験値を積むために副業が有効な場合もあります。

9　孤立させない

トラは、組織内で孤立しがちです。
ここまでの8箇条でも出ているように、

・集団行動がニガテだし、
・指定したルールからはみ出すし、
・「聞いてないんだけど」っていうことをするし、
・前例のないことをやろうと言ってくるし、
・今月の業績と関係ないことをやっているし、
・「上からの指示だからみんなでやろう」と言うとヘソを曲げるし、
・社内を盛り上げようとキャンペーンをやるとドン引きするし、
・社外の人たちと楽しそうに複業している

わけです。しかも、部署と部署をまたぐ案件をしれっとブッ込んできたりします。

そこですぐに「勝手にこちらの業務範囲に関わる仕事を進めてくるのは、領空侵犯だ」とは言わないでください。「どういう意図なのか」「その先にどんな未来を描いているのか」「こちらの対応コストを超えるメリットを見据えているのか」を聞いてあげてください。

きっと、お客さんのことや事業が長続きするために大事なことを話し始めるはずです。

トラを孤立させない組織が、変化を生み出します。トラが楽しそうにしている組織では、ネコが生き生き働きます。トラを孤立させないでください。

以上、「ネコ・トラが生息しやすい環境のつくり方――やってはいけない9箇条」でした！

面白がる人には規律を。生真面目な人には自由を。

ここまで、イヌ・ネコ・トラ・ライオンの4タイプをベースに、働き方について考えてきました。特に「自由に働く」「自律的に働く」ということの解像度を上げてきたつもりです。

4タイプそれぞれに得意なことも違うし、どういう種類の自由さを好むかも違うので、「自律的な組織」の形に唯一の正解はありません。各メンバーがそれぞれの資質を活かした役割を果たす形で組織化しているのが「真の調和」です。

こうして「自由な働き方」について考えてきた末に行き着くところは、

仕事を面白がれていない人を自由にすると、サボる。
仕事を面白がっている人を自由にすると、もっと働く。

ということに尽きます。

ただ、注意点があります。

「まだ仕事になっていないこと（収支が合っていないこと）」を面白がっている人は、自由すぎると長続きしなくて、組織と連動するための仕組みや規律があると長続きしやすくなる。
「賞味期限切れの仕事（まだ収支は破綻してないけど先が見込めないこと）」を生真面目にやっている人は、いまの仕組みのままだと長続きしなくて、新しいことを面白がってやってみると長続きしやすくなる。

たとえば、トラはわちゃわちゃしながら立ち上げるのは得意ですが、運用は飽きちゃうので苦手です。自由すぎると、立ち上げっぱなしにして、ほかのことを始めかねません。

きちんと運用してくれる人がいてこそ、事業が安定し、伸びていきます。

そういうのはイヌが得意。トラの凹に、イヌの凸を組み合わせるといい感じです。逆に既存事業の変革だったら、イヌの凹に、トラの凸を組み合わせます。

つまり、組織にイヌ・ネコ・トラ・ライオンが揃っていて、「自由なき同調」ではなく、「自由かつ規律ある調和」が実現している。それがもっとも健やかで、持続可能性も高い職場なのです。

面白がる人には規律を。
生真面目な人には自由を。

これがこの本の掲げる理想像です。
最後に「よくある質問」を1つ紹介して終わりたいと思います。

Q 「組織のトラ」を育てても起業・転職するのでは？

A 「実力があって外ともつながっている。それでも辞めない理由とはなんでしょうか？」という問いに対して、フジノさんが言いました。

「世の中の多くの人は〝就職〟ではなく〝就社〟をして、〝所属することが仕事〟になりがちですが、トラは違う。所属先への忠誠としてではなく、目の前の顧客や仲間と向き合っています」

同じ問いに、イレイさん（銀行員）は即答でこう言いました。

「僕はやはり、信頼しているリーダーがいるからですね。あと、会社のことが大好きですから」

おわりに

この本に出てきたトラリーマン（組織のトラ）は、実在します。

ビジネス系ウェブメディア「Ｂｉｚ／Ｚｉｎｅ」に掲載された「トラリーマンに学ぶ『働き方』」という対談連載をもとに、書籍化したのが本書です。巻末に、実名と所属リストを掲載しておきましたのでご覧ください。

ここまでを少し振り返ってみたいと思います。


ある日、Ｂｉｚ／Ｚｉｎｅ編集長の栗原茂さんからメッセージが届きました。

「仲山さん、サラリーマンの働き方をテーマに本質的な連載をやりませんか？　フジノさんの言う〝サラリーマンのトラ〟と対談していく企画なんてどうでしょう？」

「面白そうなのでやりたいです！」

というわけで、２０１８年2月から連載がスタート。

何回やるかも、誰と対談するかも決めないままに始まりました。正直なところ、「トラリーマンはそんなに多くなさそうだから、長くは続かないかもしれないな」とも思っていました。

初回の記事（フジノさん対談）がアップされたのでＳＮＳでシェアしたら、「面白い！」とコメントをくれた人がいました。飛騨市長のツヅクさんでした。「あ、トラ発見！」と思って返信しました。

「ツヅクさんの県庁時代のハナシもビンゴだと思います！　お時間が許せばぜひゲストに！」

「仲山さんのご用命にはイエスかハイで答えることにしております」

あっという間に、ゲスト決定。

しかも、そんな展開がレアケースではなく、たびたび起こりました。トラリーマンの生態を発信すればするほど、「同じ匂い」を感じたトラの人がリアクションをくれたり、知人友人が「トラがいるよ」と紹介してくれたりするようになっていきました。

結果、連載はゲスト探しに困ることなく1年半も続くことになりました。

その後、栗原さんの紹介で、編集者・渡邊康治さんと書籍化の打ち合わせをすることに。

内心密かに、「対談コンテンツを編集すれば本になるからラクそう！」と思っていたのですが……渡邊さんが少し曇った表情で言いました。

「仲山さん、あの連載の文字数、全部で20万字ありました」

「えっ、そんなに⁈　半分くらい削らないといけないですね」

「そう思って対談を全部読んでみたのですが、問題が……」

「もしかして……面白くなかったですか？」

「いえ、十分に面白くて、逆に削れるところがあまり見当たらなかったんです。あれは再編集すると、対談のうま味がこぼれ落ちてしまうなと……。もうちょっと考えてみますね」

そして企画が決まらないままにコロナ禍へ突入したこともあいまって、半年がすぎました。その間に渡邊さんは、なんとトラリーマン記事がきっかけで生まれた本を手掛けて出版。それがクラナリさんと電通Bチームの『仕事に「好き」を、混ぜていく。』（翔泳社）です。

「クラナリさんの本、面白かったです」というやりとりを渡邊さんとしたのがきっかけで、企画が再起動。連載のライティングを担当してくれていた宮本恵理子さんと3人で熟議した結果、「書き下ろしましょう」と決まりました。「ラクに本ができそう」とあぐらをかいているときに限って、こういうことになるものです。

そこから試行錯誤を重ねて、1年半かかってできたのが本書です。

書き下ろしになったことで、「トラリーマン」について考えを深める機会ができました。

そもそも「トラ」ってどういうことなのか。

というのも、対談ゲストのみなさんが異口同音に言われていたのが、「自分はトラって言うほど偉そうなもんじゃないのですけど」というセリフでした。さらに印象的だったのは、連載が後半になるほど、

「会社では〝変わったヤツ〟と思われて浮いているので、トラリーマン連載を読んで『自分と同じような人たちがいる!』と心強く思っていたんです」

と言われることでした。そこで、「トラ=強い人・勝ち組」みたいなニュアンスではない「トラ像」を明らかにしていきたいなと考えを深め始めたわけです。

ここでは、本文に書かなかったことを挙げてみようと思います。

ライオンはネコ科

すでにお気づきの読者もいるかと思いますが、ネコ・トラだけでなく、ライオンもネコ科です。4タイプのうちイヌだけがイヌ科。

ネコは、力をつければトラになります。でも、4タイプ図ではイヌの上にライオンがいるけど、もしかして「イヌとしてがんばってもライオンになれるわけではない」のかも……。

そう考えてみると、昨今たびたび目にする「大きめな組織のトップが残念なふるまいをしてトラブルになるケース」は、諸事情あってイヌな人がトップになってライオンのふりをしたことによるものではないかと思ったりするわけです。

「ライオンの皮をかぶったイヌ」が、急激な変化に対応しきれず、従来の組織の論理を優先し続けたために「化けの皮がはがれた」的な。

トラリーマンの最終形態

トラリーマンを極めると「寅《とら》リーマン」になるのではないかと思いつきました。自由の象徴「フーテンの寅さん」のように、自然体のままに動くとまわりの人たちがハッピーになっていく状態です。「自分がやりたくて得意なことをやっていると、喜んでもらえる状態」をぼくは「自己中心的利他」と呼んでいます（詳細は拙著『組織にいながら、自由に働く。』（日本能率協会マネジメントセンター）を参照）。

実は、動物４タイプを漢字で書かずにカタカナにしたのは、「虎の上に寅があるのでは？」と思いついてしまったからでした。まだちょっと力が入っているところのある「虎リーマン」にとって、鋭い牙や爪まで手放して自然体を極めた「寅リーマン」は憧れの境地なのです。

イヌは「ネコ目《もく》」だと判明

「ライオンはネコ科」と気づいてしまったあと、「４タイプでイヌだけ仲間はずれになってしまう……」とモヤモヤして調べるうちに、なんとイヌ科もネコ科も同じ「ネコ目」だということを知りました！

もともと同じところ（ミアキスという動物）から分かれていって、人間が「移動しながら狩りをする」ための相棒として選んで利用していったのが、獲物の匂いを追う能力が高いイヌだったとか。

ネコはネコで、人間が定住して稲作をするようになると、ネズミをつかまえる存在として重宝されたそうです。やっぱり、それぞれ得意なことが違うだけで、どっちが尊いというわけではないのです。そして、みんな「ネコ目の仲間」だったのです！（しっくり）

執筆を始めたら、家にネコがきた

この本をつくり始めた時点で、ぼくはさほどネコに思い入れも知識もない状態でした。でも、「組織のネコ」について語るには、概念としてのネコだけではなく、本物のネコについても知っておかないと説得力がないのではないか……などと思っていた矢先のこと。

なんと、わが家の庭に、野良ネコが現れたのです。

ぼく以外の家族が「ネコ好きだけどネコアレルギー」というややこしい状況だったのですが、エサと寝床を用意したら、うちの庭で寝泊まりするようになりました。試しに家に入れてみたら鳴きわめくので、また外に戻し……を繰り返して、いまは少しずつ家ネコ化してきているところです。

観察していて思ったことは、「ネコって全然思い通りにならないな！」でした。あっという間にエサを食べたと思ったら全然食べないこともあるし、梅雨や酷暑だからよかれと思って家に入れると「外へ行かせろ」と鳴きわめくし、なでて喜んだと思ったら急に「何すんのよ！」的な目で見られて逃げられることもあるし。

というわけで、「イヌ上司がネコ部下を扱うむずかしさって、こんな感じなんだろうな」と、しみじみ思った次第です。

もっとネコのことを知りたくなって調べるうちに、「子ネコのときからイヌと育つと〝イヌっぽいネコ〟になる場合もある」という情報を知りました。これってまさに、「組織において〝イヌの皮をかぶったネコ〟が生まれるメカニズム」と一緒だなと。だから、「イヌ小屋のなかでイヌと育ったとしても、ネコはネコのままでいいんだよ」というメッセージを広めるためにも、この本を出す意味があると思えたり。

フリーランスのトラ、「組織のトラ」になる

「トラリーマン連載」のライティング担当として、ほとんどのゲスト対談を記事化してくれていたのが、フリーライターの宮本恵理子さんです。その流れで、この本の制作も編集者さんを含めた3人チームで進めてきました。

宮本さんは、数々のメディアで著名人をはじめとするさまざまな人にインタビューをして記事化・書籍化してきた「フリーランスのトラ」です。

「フリーランスのトラは、ベンチャーのトラ、ヤンキーのトラ、トラリーマンに次ぐ〝第4のトラ〟ですね」という話をしながら本書をつくっていた矢先のこと。宮本さんが新たに立ち上がる会社に創業メンバーとして加わることが発表されました。肩書きは「エグゼ

クティブ・ライター」だそうです。トラの特徴である「その人のための肩書きがついている」パターン。

宮本さんに「どんな働き方になるんですか？」と聞いたら、

「1つの会社だけに属すると自分が閉じちゃう気がするので、半分フリーランスの契約にしてもらったんです」

と、まさに「組織のトラ」以外の何物でもない答えが返ってきました。「やっぱり感」がすごいです。

謝辞

この本は、トラリーマンの名付け親・フジノさん、対談ゲストのみなさんとの共同作品だと思っています。取材時に、マンガのような超絶エピソードや興味深い話をたくさん聞かせていただけるのが、毎回楽しすぎました。改めましてお礼を申し上げます。

藤野英人さん、坂崎絢子さん、伊禮真さん、齊藤義明さん、都竹淳也さん、島原万丈さん、我堂佳世さん、戸村朝子さん、伊藤大輔さん、渡辺裕子さん、流郷綾乃さん、倉成英俊さん、岩佐文夫さん、倉貫義人さん、竹林一さん、ありがとうございます！

連載の機会をつくってくれた栗原茂さん、ライティングをしてくれた宮本恵理子さん、おかげさまで何の苦もなく面白い仕事をさせていただくことができました。ありがとうございます！

本づくりにあたっては、編集者の渡邊康治さんとライター宮本さんとの3人チームで、どうすればトラの魅力が伝わるかを（コロナ以降はZoomで）すり合わせる時間が楽しかったです。表紙をはじめ、最高のイラストを描いてくれた「邪悪なハンコ屋 しにものぐるい」の伊藤康一さんもありがとうございます！

そして、ぼくのような社員を所属させてくれている三木谷浩史さん、一緒に遊んでくれる楽天市場出店者のみなさんにも感謝しかありません。

最後に、ネコアレルギーにもかかわらず、庭に現れた野良ネコの世話をして「家ネコ化プロジェクト」を進めることで執筆のヒントをくれた妻と息子15歳にも感謝します（なお、わが家のヒエラルキーは「ネコ・妻・息子・ぼく」となっております）。

この本を書き終えたいま、思っているのは「ネコ・トラのつながりをつくりたい」ということです。現時点では、まだ「トラを最大限に活かせる組織風土」をもつ会社は多くないと思います。孤立を感じている「組織のトラ」も少なくありません。トラは孤独を好むところはありますが、孤立することを望んでいるわけではありません。

トラ同士がつながれば、お互いに刺激し合う関係が生まれます。トラが生息できる組織であれば、ネコが活躍しやすくなります。ネコが増えた組織では、トラが生まれやすくなるはずです。

この本を読んでくださった「ネコ・トラ」な方がつながって、「ネコ・トラコミュニティ」ができるきっかけをつくれたらうれしいです！（ただし、コミュニティといっても、あまりベタベタしない系希望）

もしよければ、nakayamakouzai@gmail.com 宛にメールをください。感想など、一言だけでもうれしく拝読させていただきます！

２０２１年10月

仲山進也

本書に登場する組織のトラ（トラリーマン）一覧

（※所属は「Ｂｉｚ／Ｚｉｎｅ」連載時のもの）

- 伊禮《いれい》 真《まこと》さん
  株式会社琉球銀行 営業統括部 メディア戦略室 室長
- 齊藤《さいとう》 義明《よしあき》さん
  株式会社野村総合研究所 未来創発センター ２０３０年研究室室長
- 都竹《つづく》 淳也《じゅんや》さん
  岐阜県庁を経て、岐阜県飛騨市 市長
- 島原《しまはら》 万丈《まんじょう》さん
  株式会社ＬＩＦＵＬＬ ＬＩＦＵＬＬ ＨＯＭＥ’Ｓ総研 所長
- 我堂《がどう》 佳世《かよ》さん
  ライク株式会社 取締役 経営管理部長 兼 グループ事業推進担当
- 戸村《とむら》 朝子《あさこ》さん
  ソニー株式会社 ブランドデザインプラットフォーム
  ＵＸ・事業開発部門 ＵＸ企画部 コンテンツ開発課 統括課長
- 伊藤《いとう》 大輔《だいすけ》さん
  航空自衛隊 幹部学校 航空研究センター ３等空佐

●渡辺《わたなべ》 裕子《ゆうこ》さん

株式会社グロービスを経て、面白法人カヤック 広報

●流郷《りゅうごう》 綾乃《あやの》さん

株式会社ムスカ 代表取締役 暫定ＣＥＯ

●倉成《くらなり》 英俊《ひでとし》さん

株式会社電通 電通Ｂチーム クリエイティブ・プロジェクト・ディレクター

●岩佐《いわさ》 文夫《ふみお》さん

株式会社ダイヤモンド社を経て、フリーランス編集者

●倉貫《くらぬき》 義人《よしひと》さん

ＴＩＳ株式会社を経て、ソニックガーデン代表取締役社長

●竹林《たけばやし》 一《はじめ》さん

オムロン株式会社 イノベーション推進本部 インキュベーションセンタ長

●藤野《ふじの》 英人《ひでと》さん

レオス・キャピタルワークス株式会社 代表取締役社長・最高投資責任者

本書を読んで、組織のトラのみなさんに興味をもたれた方は、対談記事「トラリーマンに学ぶ『働き方』」にアクセスしてみてください。本では書けなかった濃厚な20万字を味わっていただければ幸いです！

https://bizzine.jp/special/torari-man

「組織のネコ」という働き方を提唱するまでの著者の歩み

1973年	北海道旭川市に生まれる。小学3年生からサッカーに夢中になる
1995年	司法試験に落ちる（大学4年生のとき）
1996年	就職活動のため自主留年（大学5年生になる）。翌年、シャープ入社
1999年	草創期の楽天（社員20名）に移籍。インターネットに疎く、右も左もわからないまま初代ECコンサルタントになる
2000年	「3週間後に新規事業を始めて」と言われ、楽天市場出店者の学び合いの場「楽天大学」を一人で立ち上げ。以降、出店者コミュニティづくりに携わる
2001年	「楽天大学の講座内容をすぐ出版して」と言われて執筆、1カ月後に『楽天市場直伝 EC商売繁盛60の秘訣』（インプレス）出版 マネジメントができず「部長白旗宣言」をして自主降格（部下がいない立場になる）
2004年	「明日から手伝ってきて」とヴィッセル神戸へ派遣され、ネットショップ立ち上げ
2005年	「来月から機関誌つくって」と言われ、楽天市場出店者向け月刊誌「楽天ドリーム」を創刊
2007年	20人から数千人になる「組織の成長痛体験」をもとに、楽天大学「チームビルディングプログラム」開始 なぜか楽天で唯一の「フェロー風正社員（兼業自由・勤怠自由の正社員）」となる
2008年	仲山考材株式会社を創業（楽天と兼業）
2011年	震災復興支援プロジェクトとして楽天市場に「南三陸町観光協会公式アンテナショップ みなみな屋」立ち上げ。花火大会の資金2000万円をクラウドファンディング風に調達
2010年	初の自著『楽天大学学長が教える「ビジネス頭」の磨き方』（サンマーク出版）出版
2012年	人気漫画『ジャイアントキリング』とのコラボで『今いるメンバーで「大金星」を挙げるチームの法則』（講談社）出版
2013年	岐阜県庁（都竹淳也さん）とのコラボでEコマース事業者コミュニティ立ち上げ
2014年	戦わないマーケティング本『あのお店はなぜ消耗戦を抜け出せたのか』（宣伝会議）出版。翌年、続編となる『あの会社はなぜ「違い」を生み出し続けられるのか』（宣伝会議）出版、共創マーケティングおよびコミュニティコマースを提唱
2016年	初対面の藤野英人さんからトラリーマン認定を受ける 横浜F・マリノスの「プロ契約」スタッフとなり、ジュニアユース向け・コーチ向け育成プログラムに携わる
2018年	『組織にいながら、自由に働く。』（日本能率協会マネジメントセンター）出版、「加減乗除の法則」を提唱 Biz/Zineにて「トラリーマンに学ぶ『働き方』」連載開始 レオス・キャピタルワークス（藤野さんの会社）で「契約トラリーマン」、ヤッホーブルーイングで「エア社員」となり、チームビルディングに携わる
2019年	横浜F・マリノス時代の仕事仲間・菊原志郎さんとの共著『サッカーとビジネスのプロが明かす育成の本質』（徳間書店）出版 『名探偵コナン』初代編集者・畤俊之さんとのコラボで『まんがでわかるECビジネス』（小学館）出版
2020年	コロナ禍で倉貫義人さんと「リモートチームビルディングプログラム」立ち上げ
2021年	人気漫画『アオアシ』とのコラボで本づくり中。プロセスを共有する「アオアシ本制作部」コミュニティ立ち上げ

会員特典データのご案内

本書の読者特典として「組織のネコ度チェックリスト」や「組織の動物4タイプ」などのPDFファイルをご提供いたします。

以下のサイトからダウンロードして入手してください。
https://www.shoeisha.co.jp/book/present/9784798170237

※ 会員特典データのファイルは圧縮されています。ダウンロードしたファイルをダブルクリックすると、ファイルが解凍され、ご利用いただけるようになります。

● 注意
※ 会員特典データのダウンロードには、SHOEISHA iD（翔泳社が運営する無料の会員制度）への会員登録が必要です。詳しくは、Web サイトをご覧ください。
※ 会員特典データに関する権利は著者および株式会社翔泳社が所有しています。許可なく配布したり、Webサイトに転載することはできません。
※ 会員特典データの提供は予告なく終了することがあります。あらかじめご了承ください。

● 免責事項
※ 会員特典データの記載内容は、2021 年10月現在の法令等に基づいています。
※ 会員特典データに記載されたURL 等は予告なく変更される場合があります。
※ 会員特典データの提供にあたっては正確な記述につとめましたが、著者や出版社などのいずれも、その内容に対してなんらかの保証をするものではなく、内容やサンプルに基づくいかなる運用結果に関してもいっさいの責任を負いません。

本書に関するお問い合わせ

このたびは翔泳社の書籍をお買い上げいただき、誠にありがとうございます。弊社では、読者の皆様からのお問い合わせに適切に対応させていただくため、以下のガイドラインへのご協力をお願いいたしております。下記項目をお読みいただき、手順に従ってお問い合わせください。

● ご質問される前に

弊社Webサイトの「正誤表」をご参照ください。これまでに判明した正誤や追加情報を掲載しています。

正誤表 https://www.shoeisha.co.jp/book/errata/

● ご質問方法

弊社Webサイトの「刊行物 Q&A」をご利用ください。

刊行物 Q&A https://www.shoeisha.co.jp/book/qa/

インターネットをご利用でない場合は、FAX または郵便にて、下記"翔泳社 愛読者サービスセンター"までお問い合わせください。電話でのご質問は、お受けしておりません。

● 回答について

回答は、ご質問いただいた手段によってご返事申し上げます。ご質問の内容によっては、回答に数日ないしはそれ以上の期間を要する場合があります。

● ご質問に際してのご注意

本書の対象を超えるもの、記述個所を特定されないもの、また読者固有の環境に起因するご質問等にはお答えできませんので、あらかじめご了承ください。

● 郵便物送付先およびFAX番号

送付先住所 〒160-0006 東京都新宿区舟町5

FAX番号 03-5362-3818

宛先 (株)翔泳社 愛読者サービスセンター

※ 本書に記載された URL 等は予告なく変更される場合があります。

※ 本書の出版にあたっては正確な記述につとめましたが、著者や出版社などのいずれも、本書の内容に対してなんらかの保証をするものではなく、内容やサンプルに基づくいかなる運用結果に関してもいっさいの責任を負いません。

※ 本書に記載されている会社名、製品名はそれぞれ各社の商標および登録商標です。

※ 本書に記載されている情報は 2021年10月執筆時点のものです。

著者紹介

仲山進也（なかやま・しんや）

仲山考材株式会社 代表取締役/楽天グループ株式会社 楽天大学学長

慶應義塾大学法学部法律学科卒業。シャープ株式会社を経て、創業期（社員約20名）の楽天株式会社に入社。2000年に楽天市場出店者の学び合いの場「楽天大学」を設立、人にフォーカスした本質的・普遍的な商売のフレームワークを伝えつつ、出店者コミュニティの醸成を手がける。

2004年には「ヴィッセル神戸」公式ネットショップを立ち上げ、ファンとの交流を促進するスタイルでグッズ売上げを倍増。

2007年に楽天で唯一のフェロー風正社員（兼業自由・勤怠自由の正社員）となり、2008年には自らの会社である仲山考材株式会社を設立、考える材料（考材）をつくってファシリテーションつきで提供している。

2016〜2017年にかけて「横浜F・マリノス」とプロ契約、コーチ向け・ジュニアユース向けの育成プログラムを実施。

20年にわたって数万社の中小・ベンチャー企業を見続け支援しながら、消耗戦に陥らない経営、共創マーケティング、指示命令のない自律自走型の組織文化・チームづくり、長続きするコミュニティづくり、人が育ちやすい環境のつくり方、夢中で仕事を遊ぶような働き方を探究している。

「子どもが憧れる、夢中で仕事する大人」を増やすことがミッション。「仕事を遊ぼう」がモットー。

著書に『組織にいながら、自由に働く。』（日本能率協会マネジメントセンター）、『今いるメンバーで「大金星」を挙げるチームの法則』（講談社）ほか多数。

編集協力　宮本恵理子
カバーデザイン　山之口正和(OKIKATA)
本文デザイン　山之口正和+沢田幸平(OKIKATA)
イラスト　邪悪なハンコ屋 しにものぐるい
DTP　BUCH+

「組織のネコ」という働き方

「組織のイヌ」に違和感がある人のための、成果を出し続けるヒント

2021年11月10日　初版第1刷発行
2022年 4 月20日　初版第3刷発行

著者　仲山進也《なかやましんや》
発行人　佐々木幹夫
発行所　株式会社 翔泳社(https://www.shoeisha.co.jp/)
印刷・製本　日経印刷 株式会社

本書へのお問い合わせについては、230ページに記載の内容をお読みください。

造本には細心の注意を払っておりますが、万一、乱丁(ページの順序違い)や落丁(ページの抜け)がございましたら、お取り替えいたします。03-5362-3705までご連絡ください。

ISBN978-4-7981-7023-7

Printed in Japan